Herrschaft und Wirkung

Felix Bachmann

Herrschaft und Wirkung

Adel und Großgrundbesitzer in Halle und dem westlichen Saalekreis

mitteldeutscher verlag

Abbildungsverzeichnis

Abb. 1, 3, 4, 8–10, 12, 13, 15–17, 19–30, 32–39, 41–44, 46–73: Torsten Milarg, www.tomil.de
Abb. 2: Felix Bachmann
Abb. 5: Webseite der Marschälle von Bieberstein, www.marschallvonbieberstein.de
Abb. 6 aus: Freitag 2006, S. 143
Abb. 7 aus: Hoffmann 1943, S. 241
Abb. 11 aus: Jenrich 1902, Karte Trotha
Abb. 14 aus: Hoffmann 1943, S. 238
Abb. 18 nach: von Trotha 1940, Stammtafel IV
Abb. 31: mit freundlicher Genehmigung von Dr. Gerlinde Schlenker
Abb. 40, 45: private Schenkung von Horst Ringling
Abb. 74 aus: Historische Kommission für die Provinz Sachsen und für Anhalt (Hrsg.): Mitteldeutsche Lebensbilder, Bd. 1, Lebensbilder des 19. Jahrhunderts, Magdeburg 1926

Abdruck der Innenaufnahmen mit freundlicher Genehmigung von St. Vitus in Teutschenthal (Abb. 41, 46–52), der Pfarrkirche Bennstedt (Abb. 1, 21–30, 32–35) und Schloss Teutschenthal (Abb. 53–55).

Bibliografische Information der Deutschen Nationalbibliothek

Die Deutsche Nationalbibliothek registriert diese Publikation in der Deutschen Nationalbibliografie; detaillierte bibliografische Daten im Internet unter http://d-nb.de.

www.mitteldeutscherverlag.de

ISBN 978-3-89812-560-4

Printed in the EU

Inhalt

Vorwort

Der bedeutende Regionalhistoriker Prof. Dr. Erich Neuß (1899–1982) formulierte im Vorwort seines 1938 erschienen zweiten Bandes der *Wanderungen durch die Grafschaft Mansfeld. Saalisches Mansfeld*: „Im übrigen halte ich es durchaus mit Tacitus: ‚Es ist eine Schande, in der Heimat zu leben und die Heimat nicht zu kennen.'" Dieser Satz wurde mir während meines Studiums von Frau Dr. habil. Schlenker, deren landesgeschichtliche Veranstaltungen mich geprägt haben, nahegebracht. In diesem Wahlspruch von Erich Neuß manifestiert sich auch eine Intention des vorliegenden Bandes: als Versuch, anhand von ausgewählten Personen oder Familien und deren meist architektonischen Hinterlassenschaften die wechselvolle Geschichte einer so reichen Kulturlandschaft, wie der des westlichen Saalekreises, wenigstens auszugsweise zu beschreiben. Es ist das Bestreben die nähere Umgebung kennenzulernen, ganz im Sinne von Erich Neuß und Siegmar von Schultze-Galléra.

Der Text dieser Publikation basiert auf der geführten Busfahrt *Gloria et Labor*. Sie wird seit 2002 durch die Initiative für Halle und Saalekreis (IfHaS) angeboten. Die Überlandführung hat sich in dieser Zeit immer weiterentwickelt. Gerade die Hinweise von den Teilnehmern, die z. B. teilweise noch bei Carl Wentzel als Kinder und Jugendliche Rüben gesteckt haben, waren dabei von unschätzbarem Wert. Ihnen allen sei hier noch einmal herzlich gedankt.

Ein besonderes Dankeschön gilt Herrn Norbert Böhnke, dem Vereinsvorsitzenden der IfHaS, der die Fahrt in das Programm der IfHaS aufnahm und den organisatorischen Rahmen schuf. Ebenso engagierte sich Frau Hannelore Wentzel (Schloss Teutschenthal) und bewirtete die Teilnehmer jedes Mal äußerst stilvoll mit Kaffee und Kuchen. Die Kirchenbesuche wären nicht möglich gewesen ohne das Engagement und die freundliche Unterstützung von Frau Glimm (Pfarrkirche Bennstedt) und Herrn Horst Ringling (St. Vitus, Teutschenthal), die auch bei widrigstem Wetter die Tore ihrer Kirchen öffneten sowie den Besuchern über viele Details Auskunft gaben. Das Busunternehmen *Drei Eichen* und seine Fahrer waren zu jeder Zeit ein zuverlässiger Partner. Auch ihnen gilt mein besonderer Dank.

Für die Erstellung der Publikation, die mit dem *Riesenhaus* des Friedrich Madeweis eine Station mehr aufweist als die Busfahrt, danke ich ganz besonders Torsten Milarg (www.tomil.de), der die Fotos professionell angefertigt und bearbeitet hat. Herr Joachim Marschall von Bieberstein ließ mir bei der Aufarbeitung der Geschichte der Marschälle von Bieberstein große Hilfe zuteilwerden. Dank auch an ihn.

Felix Bachmann, Halle a. d. Saale im Mai 2009,

Felix Bachmann, geb. 1980, Studium der Geschichte, Freier Mitarbeiter der IfHaS, betreute seit 2001 die geführte Busfahrt „Gloria et Labor", freier museumspädagogischer Mitarbeiter des Landesmuseums für Vorgeschichte

Gloria et Labor – Auf den Spuren von Landadel und Großgrundbesitz in Halle und im westlichen Saalekreis

Alexander Haubold Marschall von Bieberstein (1632–1694), der im Dienst des Herzogs von Sachsen-Weißenfels stand, erwarb im Jahr 1675 in der Salzstadt Halle am Markt das später als Marktschlösschen bekannte Haus. Es sollte als repräsentativer Stadt- und Wintersitz dienen. Alexander Haubold hatte seinen Hauptwohnsitz in Bretleben. Sein Bruder Joachim Wilhelm Marschall von Bieberstein besaß seit 1657 auch das Dorf Bennstedt. Dessen Gut wurde zu der Zeit von ihm zu einem barocken Landsitz ausgebaut.

Der Kauf eines Hauses in Halle durch Alexander Haubold war nicht verwunderlich, residierte doch von 1643 bis 1680 sein Dienstherr, der Administrator des Erzbistums Magdeburg Herzog August, in Halle. Im Jahr 1657 erfolgte die Ernennung Augusts zum Herzog von Sachsen-Weißenfels. Der Administrator wohnte wohl zuerst im heutigen Domgemeindehaus, dann aber in dem von Kardinal Albrecht erbauten *Neuen Gebäude*, der *Neuen Residenz* von Herzog August.
Die Historikerin Andrea Thiele betont für die Wohnstätten der Hofangehörigen: *„Die einfachen Bediensteten des Hofes siedelten eher im Nicolaiviertel, während die Hofräte und höheren Beamten auch in den prominenten Straßen rund um den Marktplatz Häuser erwarben.“* (Thiele 2006, S. 147).

Einer dieser hohen Beamten war Alexander Haubold Marschall von Bieberstein. Seine Aufgaben als Amtmann lagen vorrangig in Heldrungen und Querfurt. Diesen Sachverhalt belegt eine Inschrift an seinem Epitaph in der Kirche von Bennstedt. Trotzdem hinterließen er und seine Familie sowohl in Halle, als auch in der Bennstedter Kirche ihre Spuren. Sie zeichnen ein Bild von der barocken Lebenswelt der Marschälle von Bieberstein.

Die Administratoren des Erzstiftes Magdeburg

Die Reformation setzte sich mit dem Übertritt zum Protestantismus des Erzbischofs Sigismund von Magdeburg 1561 im Erzstift durch. Bis zu den Ereignissen des Dreißigjährigen Krieges wurde das Amt vom Kurfürstentum Brandenburg verwaltet. Der letzte Brandenburger Administrator war Markgraf Christian Wilhelm von Brandenburg. Er führte das Amt von 1608 bis 1628 aus. Seine Absetzung forcierte das Domkapitel von Magdeburg aus politischen Erwägungen. Christian Wilhelm, als Generalleutnant von König Christian IV. von Dänemark, musste nach der Besetzung von Magdeburg und Halberstadt durch die kaiserlichen Armeen im Jahre 1625 fliehen. August wurde zwar vom Domkapitel eingesetzt, aber Kaiser Ferdinand II. versuchte mit der Erhebung seines Sohnes, Erzherzog Leopold Wilhelm von Österreich, eine Rekatholisierung. Sie schlug fehl, weil das Erzstift 1631 dem Schwedenkönig Gustav Adolf in die Hände fiel. Der Prager Frieden von 1635 legte fest, dass Herzog August bis zu seinem Tod das Amt des Administrators ausüben durfte. Eine endgültige Lösung erfolgte im Westfälischen Frieden 1648. Das Erzstift sollte mit dem Tod von Herzog August an das Kurfürstentum Brandenburg fallen. Das geschah im Jahr 1680. (Vgl. Thiele 2006, S. 125 f.)

Die Denkmäler, die auf die Großgrundbesitzer Johann Gottfried Boltze in Salzmünde oder Carl Wentzel (1876–1944) in Teutschenthal zurückgehen, besitzen einen anderen Charakter. Sie sind teilweise Industriedenkmäler, Villen oder auch Grabanlagen, die dem Betrachter, gewollt oder ungewollt, immer wieder einen

Aspekt vor Augen führen – den oftmals steinigen, arbeitsreichen Weg ihrer Erbauer zum Erfolg.
Dieser Gegensatz der materiellen Kultur soll im Folgenden thematisiert werden.

Gloria et Labor – Ruhm und Arbeit –, so der ursprüngliche Titel der Busfahrt, sollte nicht nur eine Hommage an den bekannten sechsteiligen Fernsehfilm *Sachsens Glanz und Preußens Gloria* aus den Jahren 1985 bis 1987 unter der Regie von Hans-Joachim Kasprzik (1928–1997) darstellen, sondern verschiedene historische Lebenswelten etwas überspitzt hervorheben, die auf dieser kleinen Reise durch Halle und den westlichen Saalekreis entdeckt werden können.

Die Intention dieser Ausführungen basiert auf dem Gedanken, anhand von historischen Stätten die vielfältige Geschichte einiger bekannter Geschlechter, die sowohl in Halle als auch im Saalekreis wirkten, nachzuvollziehen.

Der Landadel wird durch die Marschälle von Bieberstein und die Familie von Trotha vertreten, die Großgrundbesitzer durch die Geschlechter Boltze und Wentzel. Eine Sonderstellung nimmt der bürgerliche Postmeister Friedrich Madeweis ein. Er ließ in Trotha auf dem alten Stammsitz derer von Trotha ein repräsentatives Gebäude mit Lustgarten ganz im Stile adliger Vorbilder errichten. In diesem Sinne sorgt seine Vita für eine Überschneidung bürgerlicher und adliger Lebenswelten.

Das Marktschlösschen – eine Patrizierresidenz im Herzen von Halle

Der Markt von Halle im 17. Jahrhundert

Als Alexander Haubold Marschall von Bieberstein *(Abb. 1)* 1675 das Marktschlösschen erwarb, litt die Stadt Halle noch immer unter den verheerenden Folgen des Dreißigjährigen Krieges.

Hunger und Pest

Einen tieferen Einblick in die Zeit des Dreißigjährigen Krieges liefert Jan Brademann mit seinem Beitrag *Gewalt, Not und Krisen – das frühneuzeitliche Halle und seine Bürger im Krieg* in der Geschichte der Stadt Halle, Bd. 1, S. 314–332. Mit den kaiserlichen Truppen unter Wallenstein kamen nicht zuletzt auch Seuchen nach Halle: *„Die wallensteinischen Söldner brachten 1625 die Rote Ruhr und die Pest in die Stadt. Im Sommer 1626 forderte der Schwarze Tod zwischen 3 000 und 4 000 Tote. Pest und Hungertyphus rafften zehn Jahre später in Halle und den Vorstädten über 3 300 Menschen hinweg."* (Brademann 2006, S. 323)

Die Einwohnerzahl war auf ca. 8 000 gesunken und dabei stand die Pestepidemie zwischen 1681 bis 1683 noch bevor. Während des Krieges verwüsteten die Truppen der verschiedenen Mächte abwechselnd das gesamte Erzstift Magdeburg. Zwar blieb Halle von Verwüstungen im Ausmaße der von Magdeburg verschont, aber auch in der Salzstadt gaben sich die Kriegsherren förmlich die „Klinke in die Hand". Seit dem 5. November 1625 hielt sich ein Teil des Heeres von Wallenstein in Halle auf. Albrecht Eusebius von Wallenstein (1583–1634) zog am 22. Juni 1626 in die Stadt ein. Ein ständiger

Wechsel der Besatzungsmächte kennzeichnete die erste Hälfte des 17. Jahrhunderts in Halle.
Der kaiserliche Statthalter Wolf von Mansfeld residierte auf der Moritzburg anstatt des 1628 abgesetzten protestantischen Administrators des Erzstiftes Christian Wilhelm von Brandenburg. Letzterer versuchte, unterstützt von den Hallknechten, vergeblich die Moritzburg einzunehmen. Er geriet dann 1631 im Zuge der Einnahme Magdeburgs in kaiserliche Gefangenschaft. Doch wieder wendete sich das Kriegsglück. Im September 1631 hielt sich General Tilly zweimal in Halle auf. Zuerst auf dem Durchmarsch zur Schlacht bei Breitenfeld, dann als Verwundeter auf dem Rückzug. Schon am 21. September 1631 standen die Schweden vor den Toren Halles. Die Stadt huldigte dem schwedischen König Gustav Adolf im Februar 1632. Bis in das Jahr 1643 wechselten die Besatzungstruppen in der Stadt. Durch einen 1642 geschlossenen Neutralitätsvertrag gelang es dem seit 1638 amtierenden Administrator Herzog August von Sachsen 1643 seinen Sitz endgültig in Halle zu nehmen. Er gab diesen bis zu seinem Tod 1680 nicht mehr auf.

Mit dem Ende des Krieges wurden dessen Folgen deutlich. Neben den schwerwiegenden sozialen Missständen durch Seuchen, zunehmende Armut, Einquartierungen, Plünderungen oder Migration lag auch die Wirtschaft am Boden. Die Salzproduktion sowie der Handel mit dem weißen Gold stagnierten auf niedrigem Niveau. Es fehlte ein ständiger Absatzmarkt. Die Handelswege waren unsicher. Zudem war die Grenzlage der Stadt zum Kurfürstentum Sachsen ein Problem. Brände in der Umgebung sorgten für einen Engpass in der Versorgung mit Holz für die Salzkoten. Die Moritzburg und die Burg Giebichenstein waren zerstört. Belagerungen hatten sich während des Krieges besonders auf die Moritzburg konzentriert, da die Stadt keine weiteren adäquaten Befestigungsanlagen besaß. Als einziges Mittel standen Verhandlungen über die Höhe von Kontributionen an die Feldherren zur Verfügung. Halle war als Residenzstadt *„[…] in Kriegszeiten Prestigeobjekt, Aufmarschgebiet, Sammelpunkt und Versorgungsstätte.“* (Brademann 2006, S. 328). Bis zum Anfang des 18. Jh. sollte sich die Stadt von dem Krieg nicht mehr erholen. Die Schulden durch die Kontributionen waren immens hoch. Seit 1643 wachte ein Inspektor über die städtischen Kassen. Dies wirkte sich natürlich auch auf den baulichen Zustand von Halle und seinem zentralen Marktplatz aus, denn zu großen baulichen Veränderungen kam es aufgrund der wirtschaftlichen Lage nicht. Die Bausubstanz, die Alexander Haubold Marschall von Bieberstein 1675 beim Kauf des Marktschlösschens vorfand, entsprach der vor Kriegsbeginn.

Fazit über die Baumaßnahmen der Stadt nach dem Dreißigjährigen Krieg

„Außer der Neuausstattung des zur Hofkirche geweihten Domes kann in den ersten Jahrzehnten nach dem Krieg eine nennenswerte Bautätigkeit von größerem Belang nicht verzeichnet werden." (Dolgner et al. 2001, S. 97)

Das Platzbild des Marktes bestimmte die 1554 fertiggestellte Marktkirche *Unser Lieben Frauen*. Der Rat der Stadt hatte 1529 den Beschluss gefasst die beiden Pfarrkirchen St. Gertruden, die 1120 erstmalige urkundliche Erwähnung fand, und die zwischen 1136 bis 1151 errichtete Kirche St. Marien durch einen Neubau zu ersetzen. Die Ausgrabungen auf dem halleschen Marktplatz in den letzten Jahren konnten übrigens die Fundamente der romanischen Basilika von St. Marien des 12. Jh. und ihres gotischen Nachfolgebaus vom Ende des 14. Jh. erschließen.

Caspar Krafft wurde mit der Bauleitung beauftragt. Zunächst erfolgte der Abbruch des Kirchenschiffes von St. Marien, später der von St. Gertruden. Im Jahr 1540 starb Caspar Krafft. Die Bauleitung ging nach kurzer Unterbrechung 1542/43 an Nickel Hoffmann. Er schuf mit den zwischen 1549 und 1554 ausgestalteten Emporen eine einzigartige Symbiose zwischen gotischen Bautraditionen und Renaissanceelementen. Die Marktkirche wurde in einer Zeit errichtet, in der die Reformation auch in Halle Einzug hielt. Nicht zuletzt versuchte die altgläubige Partei unter Führung des Rates durch Symbole den konfessionellen Wandel aufzuhalten. Dieter Dolgner formuliert dazu treffend: *„Im Gegensatz zu Kardinal Albrecht von Brandenburg glaubte man, die Bewahrung des alten Glaubens durch ein Bekenntnis zu der als heilig empfundenen Kirchenbautradition des Mittelalters erreichen zu können. Alle Anstrengungen der Altgläubigen konnten indes nicht verhindern, dass gerade die Marktkirche Unser Lieben Frauen schließlich zu einem Monument des Reformators und der Reformation werden sollte.“* (Dolgner et al., 2001, S. 70) Justus Jonas (1493–1555; *Abb. 2*) hielt in der Marktkirche am Karfreitag 1541 eine Predigt, die allgemein als der offizielle Einzug der Reformation in Halle gesehen wird.

Justus Jonas – ein Reformator in Halle

Justus Jonas wurde 1493 in Nordhausen geboren als Sohn des Ratsmeisters Koch. Er absolvierte sein Jurastudium in Erfurt und Wittenberg. Jonas erlebte den Reichstag von Worms an der Seite von Martin Luther. Er wandte sich immer mehr der Theologie zu. Seit 1521 hatte er das Amt des Propstes des Allerheiligenstiftes in Wittenberg inne. Am 14. April 1541 kam Justus Jonas auf Befehl des Kurfürsten von Sachsen nach Halle und erhielt das Predigeramt an der Kirche St. Marien. Am Karfreitag predigte er zum ersten Mal in der Marktkirche vor einer großen Anzahl von Menschen:
„Als er die Kirche betrat, wurde er mit Händeklatschen und Rufen als Zeichen des Dankes gegen Gott begrüßt. [...] Der Hunger der Hallenser nach dem reinen Gotteswort war so groß, daß an Sonntagen über 1 000 Gemeindemitglieder zur Predigt kamen." (Delius 1953, S. 78)

In der Stadt Kardinal Albrechts wirkte seit dem gewaltsamen Tod des lutherischen Stiftspredigers Georg Winkler im Mai 1527 auf einer Reise nach Aschaffenburg kein lutherischer Prediger mehr. Martin Luther bezichtigte zu der Zeit Kardinal Albrecht, den Auftrag für die Ermordung Winklers gegeben zu haben. Er verfasste eigens dafür die Schrift *„Tröstungen an die Christen zu Halle über Herrn Georgen ihres Predigers Tod."* Die halleschen Bürger, die sich der Reformation angeschlossen hatten, besuchten Gottesdienste von nun an im ländlichen Hinterland. Neben Eisleben und Brehna bestand in Bennstedt die Möglichkeit an lutherischen Gottesdiensten teilzunehmen. Dieses Ausweichen auf Kirchen im Umland stellte Albrecht 1535 unter schwere Strafen. Doch erst seit der Karfreitagspredigt des Justus Jonas 1541 war dies wieder innerhalb der Stadtmauern von Halle möglich.

Martin Luther predigte in der Marktkirche 1545 sowie 1546. Sein Körper wurde nach seinem Tod am

18. Februar 1546 im Rahmen des Leichenzuges nach Wittenberg in der Marktkirche aufgebahrt.

Zum Platzbild des Marktes am Ende des 17. Jahrhunderts gehören aber noch andere Gebäude, die man sah, wenn man die Fenster des Marktschlösschens öffnete. Neben der Waage und dem Rathaus, das durch Ratsbaumeister Nickel Hoffmann 1568 eine Verkündigungsloggia und einen Turmaufbau mit Schweifkuppel erhalten hatte, prägte der Rote Turm des 15. Jahrhunderts den architektonischen Gesamteindruck des Marktes. Die Bezeichnung Roter Turm etablierte sich übrigens erst im 17. Jahrhundert.

Genau gegenüber vom Marktschlösschen auf der anderen Seite südlich der Marktkirche *Unserer Lieben Frauen* befanden sich das alte, von 1607 bis 1612 errichtete Gebäude der Marienbibliothek sowie der Schöffenstuhl. Auf dem Areal der 1890 abgebrochenen Marienbibliothek entstand ein bis heute erhaltenes Wohn- und Geschäftshaus. In dessen Erdgeschoss eröffnete vor nicht langer Zeit eine Filiale einer bekannten Schnellrestaurantkette. Nach der Meinung Heinrich L. Nickels erinnert die Fassade des Gebäudes aus wilhelminischer Zeit an den Vorgängerbau. Es greift auf Formen der deutschen Renaissance zurück.

Die bauliche Situation im 17. Jahrhundert war, wie Dieter Dolgner schrieb, folgende: *„West- und Ostseite des Marktplatzes hatten mit der Marienkirche, der Marienbibliothek und dem Schöffenhaus einerseits sowie dem Rathaus, der Ratskapelle und dem Waagegebäude andererseits eine repräsentative Begrenzung erhalten.“* (Dolgner et al., 2001, S. 82) Des Weiteren prägten die Bürgerhäuser des 16. und frühen 17. Jahrhunderts den

Markt. Im Ensemble mit der Marienbibliothek kam dabei dem Marktschlösschen besondere Bedeutung für die Westseite des Marktplatzes zu.

Das Marktschlösschen

Nicht nur für viele Gäste der Stadt Halle, sondern auch für manchen Einwohner suggeriert der Name „*Marktschlösschen*“ für das Gebäude auf dem Grundstück Nr. 13 des Marktes *(Abb. 3)* eine ursprüngliche Funktion des Hauses, das es aber niemals besessen hat. Zu keiner Zeit diente es als repräsentatives Stadtschloss. Wann der Name sich im Volksmund durchsetzte ist nicht geklärt. Seit 1883 existierte in der ersten Etage des dreiflügeligen Hauses das *Restaurant & Café zum Marktschlösschen.* Vielleicht griff der Gründer Julius Just bei der Namensgebung für seine gastronomische Einrichtung eine in der halleschen Bevölkerung vorkommende Benennung dieses Patrizierhauses als Marktschloss auf.

Ebenso wie die Herkunft der Benennung liegt der genaue Zeitpunkt der Errichtung des Gebäudes im Unklaren. Es ist zwar möglich die Besitzer des Hauses zu ermitteln, allerdings bleibt ausgerechnet der Name des einstigen Auftraggebers für den Bau lediglich im Bereich der Vermutung. Auch mit dieser Fragestellung hat sich Dieter Dolgner beschäftigt. Anhand stilistischer Untersuchungen am heute nur noch rudimentär erhaltenen Südportal plädiert der renommierte Kunsthistoriker für eine Errichtung des Marktschlösschens in der Zeit von 1600 bis 1610: *„Und in dieser Zeit kommt als Besitzer und Bauherr der Jurist, Kanzler und Ratsherr*

Dr. Christian Stisser in Betracht." (Dolgner et al., 2001, S. 94) Conrad Grahle fertigte 1616 die erste Abbildung der dreiflügeligen Anlage an. Es handelte sich dabei um eine Radierung.

Das Marktschlösschen wurde im Jahr 2007 umfassend saniert. Die Tourist-Information der Stadtmarketing GmbH, der Uni-Shop und das *Hallorencafé* sind seitdem die Hauptnutzer des Hauses, das in Rot-Weiß, den Farben der Stadt Halle, erstrahlt. Ob allerdings die farbliche Übertönung des Südportals und des viel später eingesetzten Ostportals sowie der Fensterlaibungen einer denkmalgerechten Sanierung gleichkommt oder ob das die Fehler der letzten Fassadensanierung nur wiederholt, sei dahingestellt. Auf jeden Fall gehört das südliche Portal *(Abb. 4)* des dreiflügeligen Gebäudes zum ursprünglichen baulichen Bestand. Es zeichnet sich durch einen Wechsel von Spiegel- und Diamantquadern aus. Zusammen mit den während einer Fassadenrenovierung im Jahr 1899 abgenommenen weiteren Elementen, die ein Foto aus der zweiten Hälfte des 19. Jh. bewahrte, setzt Dolgner die Errichtung des Gebäudes nicht vor 1600 an. Seit der Restaurierung von 1899 fehlen in den Zwickeln die Bildnismedaillons eines Mannes und einer Frau, der Schlussstein in Form eines Löwenkopfes und ein über dem Gebälk angebrachter Aufsatz mit einem abschließenden Gesims. Letzteres stützte sich auf zwei Konsolen. Außer diesem Portal ist die gesamte Ansicht des Erdgeschosses mit dem östlichen Sitznischenportal auf die Veränderungen von 1899 zurückzuführen. Das Sitznischenportal wurde im Renaissancestil ausgeführt. Die Fenster der darüberliegenden Geschosse fallen durch ihre Regelmäßigkeit auf.

Die östliche dem Markt zugewandte Seite kennzeichnet je eine Dreiergruppe, die von Zwillingsfenstern eingerahmt wird. Die Südseite strukturiert ein Wechsel von Zwillingsfenstern und einzelnen Fenstern. Schweifgiebel verleihen Satteldach der Nord- und Südseite eine prägnante Ausstrahlung. Das Zwerchhaus der Marktseite mit Okulus und Kugelaufsatz auf dem Giebel markiert eindrucksvoll die Schauseite des Marktschlösschens. Das oberste Geschoss unter dem Dach hatte aber lediglich die Funktion als Lager- und Wirtschaftsraum inne. Noch heute lässt das Zwerchhaus über dem Südportal ein für den Bau untypisches Fenster in einem Rundbogen erkennen. Hier befand sich einst eine große Holztür, die geöffnet wurde, um Lasten bzw. Güter von der Straße mittels eines Lastenaufzugs direkt in die Lagerräume zu heben.

Wenn der Besucher das Südportal durchschreitet, gelangt er in den engen Innenhof mit einer hölzernen Galerie. Der mächtige Wendelstein mit Schweifhaube wirkt in dem begrenzten Raum sehr imposant. Er überragt deutlich das Dach.

Das Marktschlösschen ist ein eindrucksvoller Beleg für die baulichen Möglichkeiten am Markt der Stadt Halle nach der Erweiterung und Bereinigung des zentralen Platzes der Stadt im 16. Jahrhundert. Wo im 15. Jahrhundert noch der Friedhof der alten Marienkirche neben Schweineställen, Garküchen und Gewandhäusern das Platzbild bestimmte, war im 16. Jh. ein großer Platz mit repräsentativen städtischen und privaten Gebäuden entstanden. Interessant ist im Übrigen, dass die Marienbibliothek, zwischen 1607 bis 1611 errichtet, auf der anderen Seite der Marktkirche zusammen mit dem Marktschlösschen ein fast spiegelsymmetrisches Ensemble bildet. Es besteht die Möglichkeit, dass die beiden Häuser gleichzeitig konzipiert wurden. Das Ziel lag darin, der westlichen Marktseite ein äußerst strukturiertes und planvolles Aussehen zu verleihen.

Die Raumwirkung des westlichen Marktes

„Den Westen des Marktes, gegenüber dem Rathaus und dem Waagegebäude, beherrschte die Turmfassade der Kirche, nördlich vom Marktschlösschen und südlich von der Marienbibliothek flankiert. Die Gebäude waren auf einem winkelförmigen Grundriss konzipiert nahezu spiegelsymmetrisch errichtet. Beide besaßen auf der Hofseite einen überragenden, haubenbedeckten Treppenturm. Sie prägten bis zur zweiten Hälfte des 19. Jahrhunderts wesentlich die Gestalt der Westseite des Platzes."
(Heinrich L. Nickel, 2002, S. 35; so auch: Dolgner et al. 2001, S. 94 f.)

Der erste belegte Besitzer des Marktschlösschens war der Fleischschätzer und Marktherr Wolff Sommer. Er erwarb es für 700 Gulden im Jahr 1648. Schon sechs Jahre später ließ sich der Kanzler des Administrators August von Sachsen-Weißenfels sowie fürstlicher Geheimrat, Conrad Carpzov (1593–1658) in dem Patrizieranwesen nieder. Conrad Carpzov bekleidete seit 1621 eine Professur der Rechtswissenschaften an der Universität Wittenberg. Im Jahr 1638 setzte er seine Karriere in Halle als Kanzler und Geheimrat am Hofe des Administrators fort. Aus seinen zwei Ehen sind zwei Töchter schriftlich überliefert, die aber früh starben. Carpzov verschied 1658 in Halle.

Im Jahr 1675 kaufte Alexander Haubold Marschall von Bieberstein (1632–1694) den Bau. Er stand, wie schon erwähnt, in Diensten des Herzogs August von Sachsen-Weißenfels. Er diente, nach der Inschrift auf seinem Epitaph in der Kirche zu Bennstedt als: *„[...] Fürstl. Sächs. Weißen-Felßi. Commandante und Ambtshauptmann der beyden Vesten Plätze Helderung u. Querfurt [...]“*. Nach Conrad Carpzov gehörte das Marktschlösschen demnach einem weiteren hohen Beamten des erzstiftischen Administrators. Die Marschälle von Bieberstein besaßen seit 1657 Bennstedt und hatten dort ein kunstvolles barockes Kleinod erschaffen. Es liegt nur nahe, dass Alexander Haubold einen Sitz in der Nähe seines Dienstherren besitzen wollte. Er wird das Haus wohl vornehmlich im Winter genutzt haben. Im Sommer bevorzugte er seinen Landsitz in Bretleben. Ein weiterer Grund für den Erwerb könnte darin liegen, dass Alexander Haubold den Kontakt zu seinen in Halle am Hofe des Administrators tätigen Brüdern wahren wollte. Zudem bestand seine Intention wohl darin, der Familie ein standesgemäßes Gebäude direkt im Zentrum der Residenzstadt zu geben. Es war ein steinernes Symbol für ihren Einfluss, denn: *„Der Marktplatz, die Märkerstraße, die Straße Hinter dem Rathaus oder die Brüderstraße stellten die vornehmsten Straßen der Bürgerstadt dar.“* (Thiele 2006, S. 126)

Ein weiterer bekannter Besitzer des Hauses war der Apotheker Christian Friedrich Zepernick. Er tätigte den Kauf im Jahr 1746. Es ist das Geburtshaus seines Sohnes, des Salzgrafen, preußischen Oberlandesgerichtsrates und Seniors des Schöffenstuhls Schultheiß Karl Friedrich Zepernick. Er erblickte 1751 das Licht der Welt. Eine Zeit lang war das Marktschlösschen auch als *Zepernicksches Haus* bekannt.

Das Geschlecht der Marschälle von Bieberstein

Eine kurze Einführung in die Familiengeschichte

Die Marschälle von Bieberstein wirkten sowohl in Halle als auch im heutigen Saalekreis. Sie verfügten über Landgüter, aber auch über ein Patrizieranwesen in Halle. Die Kirche von Bennstedt zeugt noch immer eindrucksvoll von dem Selbstverständnis dieses weitverzweigten Geschlechtes. Andere Gebäude oder Anlagen haben sich leider nicht erhalten.

An dieser Stelle ist es notwendig auf den Begriff *Landadel* einzugehen. Er soll innerhalb der vorliegenden Ausführungen verdeutlichen, dass sich die Haupthaushaltung bzw. die Residenz eines adeligen Familienzweiges nicht in einer Stadt befand und vor allem nicht direkt an der Residenz eines Fürsten, ungeachtet vom Wirken einzelner Familienmitglieder am Hof. Damit wird der Landadel begrifflich vom Hofadel getrennt, obwohl natürlich die meisten Adligen am Hofstaat eines Fürsten dienten, in unserem Fall am Hof des Administrators Herzog August von Sachsen-Weißenfels oder am Hof der Mansfelder Grafen, wie im Falle derer von Trotha. Sie hatten Lehen im Umland inne und fallen demnach mehr oder weniger auch in dieses Raster. Zudem ist mit dem Begriff Landadel immer auch ein wenig Romantik verbunden: ein kleines Schloss, Lustgärten in denen die hohen Damen und Herren wandeln sowie ein luxuriöser Lebenswandel. Eine Bestätigung erfahren diese Vorstellungen gerade in der Kirche von Bennstedt. Fällt der

Blick auf das prunkvolle Epitaph Alexander Haubolds Marschall von Bieberstein und seiner Familie, ist es möglich, ein wenig in die barocke Lebenswelt des Adels einzutauchen, obwohl dieser Eindruck natürlich von den wirklichen Gegebenheiten divergiert. Dennoch lassen die Hinterlassenschaften dieses in der Bevölkerung relativ unbekannten Geschlechtes einen besonderen Einblick in Kultur des Landadels in der Barockzeit zu.

Valentin König formulierte innerhalb seiner Adels-Historie von 1729 über das Geschlecht der Marschälle von Bieberstein: „*Aus diesem erhellet demnach, daß die Familie derer Marschalle von Bieberstein nicht nur eine der ältesten, sondern auch die edelsten dieser Lande ie und allezeit gewesen.*" (König, 1729, S. 675) Etwas anderes als eine Lobhuldigung hätte dem Verfasser allerdings auch nicht gut zu Gesicht gestanden. Tatsächlich ist das Geschlecht schon im 12. Jh. belegt, denn so hat „*[...] nach Weckens Dreßdnischer Chronica, und obsagten M. Horns c.l. §.54.p.123 Erzehlung bereits ao. 1198 Heinrich Marschall dem Landtage zu Culmitz oder an dem Culmberge beygewohnet, dessen auch Marggraf Dietrich der Elende anno 1210. gedencket, als er dem Kloster Doberlug verschiedene Zehenden und Güther confirmiret, [...]*". (König 1729, S. 677)

Der Name Bieberstein geht auf den Ort Bieberstein in der Nähe von Freiberg zurück. Er befand sich einst im Familienbesitz. In der Markgrafschaft Meißen hatten sie das erbliche Marschall-Amt inne. Nach Valentin König war das Amt des Marschalls seit Heinrich III. erblich, „*[...] da schon der Römische König Heinrich III. anno 1047. bey der Kirchen zu Corvey verordnet, daß diese Principal- oder Fürsten-Aemter* [Marschälle, Kämmerer,

Truchsesse, Mundschenke, F. B.] *daselbst nach Absterben der Väter allemahl pleno jure an die ältern iedoch ehelich gebohrnen Söhne gedeyhen, und die dazu gewiedmeten Güter hievon keines weges, weder durch Recht noch List, entwendet werden sollen.*" (König 1729, S. 675)

Das Wort Marschall entstammt dem Althochdeutschen *marahscalc*, einer Zusammensetzung aus *marah* (Pferd) und *scalc* (Diener, Knecht) Es bedeutet demzufolge Stallmeister oder Pferdeknecht. Im Mittelalter war es eines der Hofämter. Der erbliche Marschalltitel der Frühen Neuzeit besaß eher repräsentativen Charakter. Das Amt des Oberhofmarschalls am Hof eines Fürsten hingegen fasste verschiedene Aufgaben der Haushaltsführung zusammen. Es beinhaltete Kompetenzen von der Budgetierung bis zur Organisation von Festen. Das Symbol des Marschalls war ein Stab.

Der Marschallsstab erscheint im Familienwappen der Marschälle von Bieberstein in roter Farbe, auf jeder Seite mit drei schwarzen Hahnenfedern geschmückt, zwischen zwei Hörnern oder – wie Valentin König interpretiert – zwischen zwei *Elefantenrüsseln*. Er erwächst aus einem roten und silbernen Bund von dem darunter befindlichen Turnierhelm. Der ursprünglich silberne Schild, der in Bennstedt aber blau ist, wird von einem floralen Dekor eingefasst. Auf dem Schild tritt das rote Garnnetz dem Betrachter entgegen. *(Abb. 5)*

Anscheinend führten sich die Biebersteins selber in ihrer Tradition auf einen schottischen Marschall namens Wilhelm Graf von Bembrock zurück. Er soll im 8. Jahrhundert in das deutsche Gebiet gekommen sein und die Festung Bieberstein erworben haben. Valentin König betonte aber, dass hierfür keine Beweise vorlägen. Die schwarzen Federn anstatt einer goldenen Krone am Marschallsstab rühren „*[...] sonder Zweiffel aus Unachtsamkeit dererjenigen, so dieses Wapen gezeichnet, herkommen kan, inmassen dergleichen auch bey andern vornehmen Geschlecht-Wapen vielfältig beobachtet wird; [...]*“ (König 1729, S. 675) her. Die Tatsache, dass König auf diese Anekdote eingeht, zeugt von ihrer Bekanntheit. Vielleicht diente sie als eine Art Stammvaterlegende.

Die Marschälle von Bieberstein treten in Freiberg vor allem als Mitglieder des Rates und auch als Bürgermeister in Erscheinung. Die Chronik gibt für das Jahr 1312 einen Conrad Marschall von Bieberstein in der Funktion des Bürgermeisters an. Angesichts der Nähe ihres Sitzes Bieberstein zur Bergstadt Freiberg ist das leicht nachvollziehbar. Valentin König widerspricht damit jedoch einer Ansicht, dass die Marschälle erst 1399 den Namen ihres Sitzes Bieberstein in ihre Titulatur hinzuzogen. In Sachsen bekleideten sie hohe Ämter, wie das Hofmeisteramt. Georg Marschall von Bieberstein ist im 16. Jahrhundert als Hofmeister von Anna (1532–1585), der Gemahlin von August (1526-1586), dem Kurfürsten von Sachsen, belegt. In vielen Ortschaften besaßen die Marschälle von Bieberstein Lehen: „*Selbige sind ehemals gewesen, zum theil aber annoch, Adelmitz, Bennstädt, Ober- und Nieder-Bieberstein, Bleddien, Deschitz, Ebersbach, Hermsdorff, Heyde, Jesenitz, Kanna, Kobelsdorff, Kohren bey Döbeln, Malitsch, Mockeritz, Naußlitz, Ozdorff, Rittmitz, Schmone, Wetterwitz, Ziegra, Krumheinrichsdorff, Borckersdorff und andere mehr.*“ (König 1729, S. 677) Weitere wichtige Orte in Familienbesitz waren Reinsdorf, Bretleben und Gnandstein, dessen Burganlage heutzutage noch viele Besucher anlockt.

Die Marschälle von Bieberstein und die Stadt Halle

Es ist wenig bekannt über das Wirken der Familie in Halle. Dasselbe trifft für den Zeitpunkt ihrer ersten Niederlassung in der Stadt zu. Auf der Homepage der Familie wird vermutet, dass sich mit dem Salzgrafen Norbert von Schladebach ein direkter Vorfahre bereits im 12. Jahrhundert in Halle ansiedelte. Beweise existieren dafür nicht. Jedoch gilt nach den genealogischen Forschungen der Marschälle von Bieberstein die Familie derer von *Sladebach* als Ahnenzweig. Im Gegensatz dazu steht fest, dass im 17. Jahrhundert mehrere Söhne von Alexander Marschall von Bieberstein auf Hermsdorf, Kohren, Kobelsdorf und Malizsch (1604–1668) in der Zeit zwischen 1643 und 1680 am halleschen Hof dienten, residierten oder zumindest einen Sitz in der Stadt unterhielten.

Der bekannteste war Moritz Tham (1645–1702), laut Valentin König der 10. Sohn Alexanders. Zur Zeit des erzstiftischen Administrators Herzog August von Sachsen verteilte sich die Verwaltung des Erzstiftes Magdeburg auf drei Städte. Halle, Querfurt und Weißenfels agierten als Hauptorte des Stiftes. Die Leitung der Verwaltung hatte der Kanzler inne. Neben dem Kanzler existierten mehrere Regierungsräte. Sie übten zudem auch andere Ämter am Hof des Herzogs aus. Julius Opel nannte in seiner Studie als Beispiel für diese Ämterkumulation Moritz Tham: *„Einzelne dieser Re-*

gierungsräthe bekleideten jedoch auch Hofchargen und wohnten wenigstens zeitweise in Halle wie Moritz Tham Marschall, hochfürstlich sächsischer Oberkämmerer, Oberhauptmann des Fürsthentums zu Sachsen-Querfurt und Amtshauptmann daselbst und der Oberhofmarschall, Geheime Rath und Hauptmann zu Freiburg und Eckartsberga, Graf Friedrich Wilhelm von Leiningen-Westerburg." (Opel 1880, S. 7)

Herzog August von Sachsen-Weißenfels, Administrator des Erzstiftes Magdeburg

August erblickte am 13. August 1614 das Licht der Welt. Er war der Sohn des Albertiners und sächsischen Kurfürsten Johann Georg I. Sein älterer Bruder, der später das Kurfürstentum vom Vater erbte, trug den Namen Johann Georg II. Die jüngeren Brüder waren die späteren Herzöge Christian von Sachsen-Merseburg und Moritz von Sachsen-Zeitz. Die Abtrennung der drei Herzogtümer veranlasste Johann Georg I. im Jahr 1652. Die Teilung erfolgte nach dessen Tod 1657. Sein Verhältnis zu seinem Bruder Johann Georg II. gestaltete sich als sehr schwierig. August wuchs am Hof in Dresden auf. Seine Hofhaltung orientierte sich an seinen dortigen Erfahrungen: *„Da wären zu nennen: das Bewußtsein der Erbschaft des Urgroßvaters August; die zentrale Rolle, die das Luthertum im Alltagsleben am Hof spielte, nicht nur in den Gottesdiensten sondern auch in der Musik und im Drama; die politische Rolle Kursachsens, die in den höfischen Festen zum Ausdruck kam; und schließlich seines Vaters Liebe zu Italien."* (Watanabe-Kelly 1999, S. 116) Er lernte die Werke von Heinrich Schütz, der seit 1615 in Dresden wirkte, und Shakespeare kennen, besuchte Opern, Turniere und Feuerwerke. Seine Hofhaltung rivalisierte natürlich mit der der Elbmetropole. *(Abb. 6)*

Moritz Tham wurde am 11. März 1645 geboren. Er verbrachte seine Jugend am Hof in Zerbst. Anscheinend hat sich in dieser Zeit sein Bruder Georg Hiob um ihn gekümmert. Georg Hiob bekleidete am Hof von Zerbst das Amt des Rats- und Hofmeisters. Der Ruf nach Halle als Page ereilte Moritz Tham 1660. Er verdankte diesen Posten „*[...] der Recommendation seines ältesten Herrn Bruders.*“ (König, 1729, S. 689) Er stieg schnell zum Kammerpagen auf. Im Jahr 1663 erhob Herzog August ihn zu seinem Leibpagen. Valentin König preist ihn als wissbegierig, gelehrsam und sogar als ausgesprochenen Bücherwurm. Für seine Studien stellte ihm der Administrator ein eigenes Zimmer zur Verfügung. Drei Jahre nach seiner Erhebung zum Leibpagen erhielt er den Posten des Kammerjunkers. Reisen führten ihn an der Seite von Herzog August durch weite Teile des Heiligen Römischen Reiches sowie nach Ungarn und Wien. In Dresden war er am Hof ab 1668 als Oberkämmerer tätig. Er übte die Stallmeistertätigkeit seit 1669 aus. Die Aufgabe des Oberhauptmannes von Sachsen-Querfurt, die auch Julius Opel angab, wurde ihm 1674 übertragen. Sein Weg führte ihn allerdings bald wieder nach Halle. Der Administrator des Erzstiftes Magdeburg Herzog August ernannte am 22. Mai 1679 in der Neuen Residenz Moritz Tham Marschall von Bieberstein zum Oberhofmarschall. Nach dem Tod von Herzog August 1680 in Halle verließ Moritz Tham, wie der größte Teil des Hofstaates, die alte Residenzstadt Halle. Die Sekundogenitur von Sachsen-Weißenfels zog in das Weißenfelser Schloss. Moritz Tham besaß eine enge Verbindung zu Halle. Es ist anzunehmen, dass er sich zwischen 1679 und 1680, als er ein letztes Mal ein Amt in Halle ausübte, öfter im Marktschlösschen, dem Haus seines Bruders Alexander Haubold aufhielt.

Ein älterer Bruder von Moritz Tham in den Diensten des erzstiftischen Administrators war Hans Dietrich (1643–1687). Dessen Sitz lag in Schmon. Er studierte in

Jena und trat später in die Dienste von Landgraf Friedrich zu Hessen-Homburg. Als 1664 das Osmanische Reich Ungarn angriff, plante Hans Dietrich am Krieg teilzunehmen. Er trat dazu in kaiserliche Dienste. Mit einer Gruppe junger Adliger zog er in Richtung des Kriegsschauplatzes. Auf dem Weg nach Ungarn erhielt er seine Berufung nach Halle. Hans Dietrich war gezwungen umzukehren. Dazu überliefert Valentin König diese interessante Begebenheit: „*Als Er aber nach Böhmen kommen, haben Sr. Hochfl. Durchl. Hertzog August zu Sachsen, postulierter Administrator des Ertzstiffts Magdeburg, ihn in Monath Julio gedachten Jahres, durch seine beyde zu Halle sich befindende Hrn. Brüder George Job, nachmahligen Senioren zu Magdeburg, und Moritz Tham, Marschallen von Bieberstein, nachmahligen Weißenfelßischen Hoff-Marschalln und Geheimen Rath, wieder zurück avociren und die Cornet-Stelle, unter seinen Contingent der damaligen Reichs-Verfaßung, so er wieder den Türcken schicken sollen, antragen lassen, welche Er auch nach seiner Rükkunft unterthänigst angenommen.*“ (König 1729, S. 688) Hans-Dietrich wurde, vielleicht auch auf Betreiben seiner Familie, vom Kriegszug abgehalten. Die Möglichkeit besteht. Allerdings trat Hans-Dietrich 1664 in lüneburgische Kriegsdienste. Er musste vier Jahre später den Dient quittieren. Wiederum war es Herzog August von Sachsen-Weißenfels, der ihn 1668 zum Kammerjunker in seiner halleschen Residenz bestellte. Im Jahr 1671 erhielt er die Beförderung zum Rittmeister und nahm mit dem Herzog sieben Wochen an der Belagerung der Stadt Groningen teil. Er kehrte im November wieder nach Halle zurück und blieb bis 1675 in der Stadt. Hans-Dietrich verließ die Residenzstadt um das Hofmeisteramt bei dem in Halle geborenen und ab 1680 in Weißenfels residierenden Herzog Johann Adolph I. von Sachsen-Weißenfels (1649–1697) und seiner Frau Johanna Magdalena (1656–1686) auszuüben.

Der wohl einflussreichste Marschall von Bieberstein am Hof des Herzogs August von Sachsen-Weißenfels war allerdings der erste Sohn Alexanders und älteste Bruder von Alexander Haubold, Moritz Tham sowie Hans Dietrich. Sein Name lautete Georg Hiob (1625–1682). Zwischen 1663 und 1670, als er das Amt des Oberhofmarschalls niederlegte, hatte sich der Administrator dazu entschlossen „*[…] das Ruder ihres Hoff- und Etat-Schiffes niemand sichrer noch würdiger in die Hände zu geben, als eben dieser Person.*" (König 1729, S. 685) Da die Regierung des Erzstiftes von 1643 bis 1680 in der Neuen Residenz der Stadt Halle residierte, war auch sein Leben und Wirken eng mit Halle und seinen hier in vielfältigen Funktionen tätigen Brüdern verbunden. Zusammen mit seinem Bruder Christian Wilhelm, dem späteren Herren von Bennstedt, besuchte er von 1640 bis 1642 die kursächsische Landschule in Meißen. Sie studierten beide von 1643 bis 1645 an der Universität Wittenberg. Die Brüder wurden noch mit dem Ende des Dreißigjährigen Krieges konfrontiert, denn: „*Anno 1646 den 2. Martii da Er gleich im Begriff gewesen andere Academien und fremde Länder zu besuchen, hat sichs gefüget, dass die Chur-Sächß. zu den allgemeinen Friedens-Tractaten nach Osnabrügk und Münster destinierte hohe Gesandschaft ihn nebst besagten seinen Bruder und andern jungen von Adel würdig geachtet, in ihre Svite an- und aufzunehmen.*" (König 1729, S. 685)

Danach trennten sich die Wege der Brüder. Georg Hiob ging an den Hof von Anhalt-Zerbst. Dort bekleidete er zunächst den Posten als Kammerjunker. Er wird aber bald als Rats- und Hofmeister geführt. Die Aufnahme in das Domkapitel von Magdeburg 1664 sicherte ihm ein hohes Einkommen. Erst 1681, kurz vor seinem Tod, wurde er Senior des Kapitels.

Die Hofhaltung des Administrators des Erzstiftes Magdeburg, Herzog Augusts von Sachsen-Weißenfels, wurde in hohem Maße von den Marschällen von Bieberstein geprägt. Einige der Brüder, wie Moritz Tham, fallen in die klassische Kategorie des Hofadels. Alle haben eine Ausbildung genossen, die sie für den Dienst am Hof eines Fürsten prädestinierte. Die Karrieren der genannten Brüder gleichen sich. Sie waren Pagen, Kammerjunker, werden später Hof-, Stall- und Rittmeister und natürlich bekommen einige den Marschallsstab überreicht, der sich auch in ihrem Wappen zeigt. Ihre Welt ist die des barocken Hofes. Hier liegt die Quelle ihres Selbstverständnisses, das auch in der Kirche von Bennstedt nachvollzogen werden kann (s. S. 62 f.).

Friedrich Madeweis – Postmeister, Gelehrter und Lebemann

Historisches auf dem Weg zum Riesenhaus

Der kurfürstlich-brandenburgische Postmeister Friedrich Madeweis (1648–1705) gehört zu den eher unbekannten historischen Persönlichkeiten von Halle. Im Gegensatz dazu hatte sein Wirken großen Einfluss auf die Stadtentwicklung von Halle, insbesondere im Bereich der Infrastruktur. Madeweis oblag es, die Salzstadt in das Netz des damaligen Postverkehrs einzubinden. Er vernetzte Halle in ein prosperierendes System des Informationsaustausches. Sein Posten erlaubte ihm eine großzügige Haushaltsführung. Zwei repräsentative Wohnsitze, aber auch einige gescheiterte kostspielige Projekte verdeutlichen seine finanziellen Ressourcen. Seinen Sitz nahm Madeweis im Zentrum von Halle. Nicht weit vom Alten Markt entfernt, in der Brauhausgasse am *Großen Berlin*, entstand nach seinen Plänen das 1697 errichtete *Riesenhaus*.

Halles Ursprung – Der Alte Markt

Der Alte Markt kann als Ursprung der Stadtentwicklung von Halle angesehen werden. Sein dreieckiger Grundriss basiert auf der Erweiterung einer Straßengabelung von wichtigen Handels- und Heerstraßen deren Verlauf noch heute deutlich sichtbar ist. Es handelte sich in Nord-Süd-Richtung um die Magdeburger- bzw. Regensburger Straße, die heutige Rannische Straße und vom Westen über die alte Saalefurt um die Rhein- oder Frankenstraße. Der Alte Markt war dementsprechend ein Straßenmarkt, dessen Entwicklung im 10./11. Jahrhundert begann. Hier waren sesshafte Kaufleute ansässig, die *mercatores manentes*. Diese ersetzten die Wanderkaufleute, die *mercatores frequentantes*. Zu dieser Problematik und über die Entwicklung von Halle im frühen und hohen Mittelalter sei auf Volker Herrmann, 2001 sowie Volker Herrmann und Oliver Specht, 2006 hingewiesen.

Das große Gebäude mit einem imposanten Barockportal fällt in der heutigen Großen Brauhausstraße sofort auf. Seinen Namen verdankt der Bau dem Portal, das zwei Giganten zeigt, die den Portalbogen plastisch einrahmen. Vom ursprünglichen Baubestand erhielt sich lediglich dieses Portal. Das *Riesenhaus* wurde 1905 vollständig umgebaut.

Im 17. Jahrhundert wurde der Platz vor dem Haus *Großer Berlin* genannt. Der Name hat keine Beziehung zu unserer Bundeshauptstadt. Er erinnert an einen vorherigen Besitzer, der zur sozialen Gruppe der Ministerialen oder Stadtadligen, der *nobiles* oder *milites*, gehörte. Angehörige dieser Schicht bildeten vom 11. bis 13. Jahrhundert die Elite von Halle. Im Innenstadtgebiet von Halle existieren noch einige Straßennamen, die auf weitere Stadtadlige hinweisen, so z. B. die Märkerstraße auf den Hof von Merkelin, Brunos Warte auf den Hof von Bruno oder Rüdenberg auf den Hof von Rufus dem Rothaarigen. Ihre Höfe wurden nach deren Verkauf seit dem 13. Jahrhundert parzelliert und abgerissen. Infolgedessen stand neues Bauland zur Verfügung. Der *Große Berlin* erhielt eine völlig neue architektonische Struktur bis 1683 ein Brand fast das gesamte Viertel zerstörte. Friedrich Madeweis übte zu diesem Zeitpunkt bereits zwei Jahre sein Amt aus.

Die Verdienste von Friedrich Madeweis

Die Geschichte des ersten kurfürstlich brandenburgischen Postmeisters in Halle beginnt an der Stelle, wo die Historie der Marschälle von Bieberstein in der

Stadt endet. *(Abb. 7)* Der Tod des Administrators Herzog August von Sachsen-Weißenfels im Jahr 1680 kann als einer der Wendepunkte in der halleschen Stadtgeschichte bezeichnet werden. Wie schon erwähnt, zog der Hofstaat des Fürsten auf das Schloss Weißenfels, der neuen Residenz der Sekundogenitur bis zu ihrem Aussterben 1746. Das lutherische Fürstbistum Magdeburg ging nun, nach den Bestimmungen des Westfälischen Friedens, als säkulares Herzogtum Magdeburg an das Kurfürstentum Brandenburg unter dem Großen Kurfürsten Friedrich Wilhelm (1620–1688). Am 6. Juni 1680 trafen brandenburgische Soldaten unter Führung von Oberst Isaak du Plessis in Halle ein. Der Große Kurfürst besuchte Halle in der Zeit vom 2. Juni bis 8. Juni 1681. Während seiner Anwesenheit erfolgte am 4. Juni die feierliche Huldigung. Bevor Friedrich Wilhelm abreiste, ernannte er den damals 32-jährigen Friedrich Madeweis am 6. Juni 1681 zum Postmeister in Halle.

Madeweis wurde am 10. November 1648 in Sammenthin in der Neumark geboren. Er besuchte das Gymnasium in Stargard (Mecklenburg-Vorpommern) und immatrikulierte sich 1664 an der Universität Jena. Er studierte Theologie, Jura, Medizin, Philosophie und Mathematik. Im April 1672, also mit 24 Jahren, benannte der Magistrat von Berlin ihn zum Konrektor des Gymnasiums zum Grauen Kloster in Berlin. Hoffmann erwähnt in seinem Artikel über Friedrich Madeweis, dass er die Sprachen Lateinisch, Griechisch, Hebräisch, Syrisch-Aramäisch, Arabisch, Spanisch, Italienisch, Französisch, Englisch, Niederländisch, Dänisch und Schwedisch beherrschte. Dazu besaß er Kenntnisse in den slawischen Sprachen. Friedrich Wilhelm förderte ihn weiter. Er bestellte ihn sogar zu seinem persönlichen Sekretär. Ein besonderes Augenmerk richtete der „Große Kurfürst" auf die Entwicklung eines effizienten Postwesens. *„Der Große Kurfürst war auch der erste deutsche Reichsfürst, der dem Hause Thurn und Taxis zum Trotz seine Landespost nach dem heute geltenden Grundsatz, Förderung des Gemeinwohls, einrichtete."* (Hoffmann 1943, S. 235)

Der brandenburgische Kurfürst Friedrich Wilhelm hielt Friedrich Madeweis aufgrund seiner universellen Kenntnisse als besonders geeignet für das Postmeisteramt. Diese Stellen waren damals sehr begehrt und hoch dotiert. Madeweis begann in Halle sofort die administrativen Grundlagen für die erfolgreiche Installierung eines kurfürstlich-brandenburgischen Postwesens zu legen. Am *Großen Berlin* sorgte er für die Einrichtung von Postdiensträumen. Dieses neue Postamt (Große Brauhausstraße 17), das erst 1899 für einen Neubau der *Saale-Zeitung* abgerissen wurde, hatte die Funktion eines Grenzpostamtes zu Kursachsen inne. Daraus erwuchs ihm eine gehobene Bedeutung in all den Konflikten zwischen Brandenburg-Preußen und dem Kurfürstentum Sachsen.

Die große Pestepidemie in Halle von 1681 bis 1683 stellte Friedrich Madeweis vor große Probleme. Er selbst floh aus der Stadt nach Löbejün. Immerhin erreichte er eine Einigung mit Sachsen, *„[...] daß eine Post Leipzig-Halle mit dem Wechsel in Großkugel eingerichtet wurde. Der Wechsel in Großkugel war auch aus dem Grunde geboten, weil den halleschen Posten die Einfahrt in Leipzig wegen der Pestgefahr versagt wurde."* (Hoffmann 1943,

S. 236) Nach dem Abklingen der Seuche wurde die Strecke Leipzig-Halle zweimal wöchentlich für den Brief- und Paketverkehr bedient. Einen weiteren Erfolg feierte der hallesche Postmeister im Jahr 1686 mit der Etablierung einer Postverbindung zwischen Halle-Merseburg-Naumburg-Jena. Eine Erweiterung dieser Strecke erfolgte 1702 mit der Anbindung an die Coburger Landespost. Seit 1699 fuhr wöchentlich eine Postkutsche von Halle nach Köthen, Magdeburg und Leipzig. Es ist dem Eifer des Friedrich Madeweis zu verdanken, dass dieses Gemeinschaftsprojekt mit Kursachsen Verwirklichung fand. Des Weiteren konnte die Strecke Halle-Leipzig auf sieben Posten in der Woche erhöht werden. Eine Reitpost verkehrte seit 1702 von Halle über Eisleben nach Nordhausen und Ellrich. Zudem gelang es im Jahr 1703 eine Verbindung nach Berlin über Zörbig, Dessau, Coswig und Treuenbrietzen einzurichten. An den regen Postverkehr erinnert auch noch der Name einer kleinen Gasse, die kurz hinter dem Alten Markt von der Rannischen Straße abgeht und zur Märkerstraße führt. Es handelt sich hierbei um die *Kutschgasse*. Ihr Name geht wohl auf die Nutzung als Sammelpunkt für Postkaleschen, Landkutschen, Fuhrwerke sowie Postpferde zurück.

Friedrich Madeweis engagierte sich auch auf kulturellem Gebiet. Er wollte das *Riesenhaus* als Akademie nutzen. Seine geistigen Fähigkeiten zeigten sich bei der Erstellung der Baupläne. Er erdachte nebenbei aufgrund mathematischer Berechnungen eine sechste, aber nie beachtete Säulenordnung, die *columnam Brandenburgicam*, neben den fünf antiken Ordnungen. Der Postmeister hoffte für seine Akademie einen großen Garten anzulegen. Madeweis besaß einen Obstgarten mit einem Weinberg, dazu ein Winzerhaus, Scheunen, Ställe, ein Gartenhaus und eine Kelter. Das Anwesen befand sich auf dem Gebiet der *Franckeschen Stiftungen*. Doch die Akademie wurde nie eröffnet.

August Hermann Francke kaufte am 29. Juni 1703 den Madeweis'schen Besitz für 1350 Taler. Friedrich Madeweis war seit 1697 auch als Pfänner eingetragen. Er starb am 7. August 1705 in seinem Bett nach einem Schlaganfall.

Die Geschichte der Familie Madeweis in Halle endete damit jedoch nicht. Mathias Wilhelm Madeweis (1745–1830), ein Verwandter aus der Kolberger Linie der Familie, übte von 1777 bis 1807 das Amt des Postdirektors des Grenzpostamtes Halle aus. Die politischen Umwälzungen durch den Sieg Napoleons 1806 zwangen ihn, nach kurzer französischer Haft, Halle zu verlassen.

Das Riesenhaus

Im Jahr 1697 ließ der kurfürstlich-brandenburgische Postmeister in Halle Friedrich Madeweis das *Riesenhaus* am *Großen Berlin* für 41 000 Taler errichten. Eine Summe, die einerseits für die enormen Aufwendungen spricht, andererseits für die Finanzkraft des brandenburgischen Beamten. Er besaß zudem seit 1685 ein prächtiges Domizil auf dem alten Stammsitz derer von Trotha außerhalb von Halle. Madeweis beabsichtigte im *Riesenhaus* am Großen Berlin Haus eine Akademie einzurichten, ein *Athenaeum*, genauer das „*Athenaeum*

Salomoneum ad forum Neo Berolinense“, wie er es in einem Brief formulierte. Ihm kam bei dem Bau zugute, dass ein Feuer im September 1683 das ganze Viertel in Mitleidenschaft gezogen hatte und der Platz neu bebaut wurde. Im Dachgeschoss plante er ein Observatorium, in den anderen Räumen sollten Vorlesungen von neun Professoren stattfinden.

Bei seinem Bildungshorizont und seiner materiellen Ausstattung waren die Voraussetzungen für ein erfolgreiches Gelingen dieses Konzeptes durchaus gegeben. Doch angesichts der Eröffnung der Universität 1694 war der Plan der Ausgestaltung einer weiteren Akademie von vorneherein zum Scheitern verurteilt.

Das Portal des Hauses überliefert auch das Weltbild des aufgeklärten Friedrich Madeweis. *(Abb. 8)* Zuerst fallen die zwei symmetrisch angeordneten Giganten bzw. *Atlanten (Abb. 10)* in das Auge des Betrachters. Sie sind plastisch den Pilastern vorgelagert. Mit einer ihrer Hände, gemäß der Symmetrie entweder der Rechten oder der Linken, stützen sie ein Architrav, auf dem Konsolen vorspringen, auf denen wiederum der Balkon der ersten Etage mittig ruht. Bei dem linken Giganten war die andere Hand hinter dem Rücken liegend gedacht. Der rechte Gigant stützt sich mit der Linken auf eine Keule. Ihre Füße stehen auf Meereswesen, die sich aufbäumen. Teile der Schwänze der Fabeltiere umschlingen die Giganten, so beim rechten Atlanten das rechte Bein. Das Ende eines Reptilienschwanzes erscheint beim linken Giganten oberhalb des Schurzes. Bei dem Meeresungeheuer unter ihm ist dessen aufgerissenes Maul noch gut zu erkennen. Die Fabelwesen wurden auf attischen Basen platziert.

Jeder der beiden Atlanten besitzt individuelle Züge. Trotz aller Zerstörungen und Fehlstellen unterscheiden sich die Gesichtszüge beider deutlich. Das bärtige Gesicht des Linken zeigt eine schmalere Ausführung als das des Rechten, das im Vergleich dazu rund, ja sogar etwas dicklich wirkt. Vielleicht haben an den beiden Figuren zwei verschiedene Bildhauer gearbeitet. Ihre symbolische Funktion muss vor dem Hintergrund des Bildungsmenschen Madeweis gedacht werden. Die beiden Giganten oder Atlanten stehen hier auch für die Erkenntnis der Welt. Nach der griechischen Mythologie oblag dem Titanen Atlas, dem Vater der Plejaden und der Hesperiden, die Führung im Titanenkampf gegen die Götter. Die Titanen wurden nach deren Niederlage entweder im Tartaros gefangen gesetzt oder schwer bestraft. Zeus verbannte Atlas an das westliche Ende der Welt in die Nähe des Gartens der Hesperiden, um für alle Zeit den Himmel und die Erde zu tragen. Atlas erlangte trotz seiner schweren Last Erkenntnis: *„Durch diese quälende Pflicht lernte Atlas die Geheimnisse der Erde, des Himmels und der Meerestiefe kennen und erfuhr als erster, daß das Weltall die Form einer Kugel hat.“* (Mavromataki 1997, S. 10) Friedrich Madeweis, der fähige Mathematiker und Philosoph, wollte genau dies mit seiner Akademie erreichen – Erkenntnis erlangen über Himmel und Erde.

Der rechte Gigant wird allgemein als Herkules gedeutet. Hiermit wäre ein weiterer Bezug zur griechischen Mythologie hergestellt. Eine Verbindung zu Atlas besteht auch, denn Herkules stahl die Goldenen Äpfel aus dem Garten der Hesperiden. Atlas holte die goldenen Früchte, während Herkules das Himmelsgewölbe für ihn tragen musste. Dem Sohn des Zeus gelang durch eine List, die Bürde wiederum Atlas zu übergeben. Das Portal könnte darauf hindeuten. Es existieren mehrere Versionen dieser mythologischen Geschichte. Herkules tötete in einer anderen den 100-köpfigen, niemals schlafenden Schlangendrachen Ladon, der die Äpfel bewachte. Vielleicht stellt die Schlange zu Füßen des Herkules am Portal Ladon dar. Dass dieser nur einen Kopf hat, soll nicht verwundern, denn in der klassischen griechischen Kunst, vor allem in der Vasenmalerei, bildeten die Künstler Ladon als einfache Schlange ab.

Das Portal lässt in seiner Struktur Anleihen zum griechischen Tempelbau erkennen. *(Abb. 9)* Über dem Torbogen mit Adlern, die in den Krallen geometrische Werkzeuge halten, und dem Schlussstein des Torbogens mit Zirkeln und einer gleichstehenden Waage sowie der Inschrift *Pro ratione status*, folgt ein Architrav. Er wird in seiner Mitte von einer stehenden Taube mit Strahlenkranz durchbrochen. Sie steht auf der erwähnten kurzen Inschrift des Schlusssteines. Eine Inschrift ziert den Architrav:

Stathmo-Metro. Arithmo
Symb: Ferimur Motore. Supremo: Act. XVII. V. 28.
Robuste. Juss [te]. Venuste

Diese Inschrift ist inhaltlich verbunden mit der des Torbogens:

Fridericus. Mateweis. struxit. Stathmice
Anno Partheno Tok. M DC. XCVII.

Die Übersetzung lautet nach Hoffmann 1943, S. 239:

Gewicht. Maß. Zahl.
Wahlspruch: Wir werden getragen von dem höchsten Beweger. Apostelgeschichte 17, 28
Standfest. Zweckmäßig [Regelmäßig, F. B.]. Schön.
errichtete Friedrich Madeweis dieses Gebäude im Jahre des von der Jungfrau Geborenen 1697.

Diese Portalinschrift ist eine Kurzfassung des Weltbildes von Friedrich Madeweis und dessen Konzept zum Verständnis der Welt und des Kosmos – Mathematik, Geometrie und Glauben an den Schöpfer. Das zeigt auch sein Wahlspruch. Ein Zitat aus der Bibel, das aber auf den griechischen stoischen Philosophen Kleanthes zurückgeht. In der Heiligen Schrift wird er wie folgt wiedergegeben: *Denn in ihm leben und weben und sind wir, wie auch einige eurer Dichter gesagt haben: Denn wir sind auch sein Geschlecht.* (Apg. 17, 28)

Der weitere Aufbau des Portals über dem Architrav bis zur Unterkante des darüberliegenden Balkons orientiert sich am Kanon für das griechische Tempeldach. Guttae mit Regula, die Taenia sowie zwei Triglyphen und Metopen, in denen Darstellungen im Relief angebracht wurden, lassen diesen Schluss zu. In der linken Metope befindet sich eine Sonnendarstellung mit Gesicht und Strahlenkranz. Ein göttliches Wesen mit einem Strahlennimbus und einem Stab oder Szepter in der rechten Hand ist das Motiv der nächsten Metope. Hierbei handelt es sich um den Himmelsgott Helios, die Personifikation des Sonnenlichtes. Helios scheint zwar der mittigen Darstellung zugewandt, blickt aber nicht zu ihr. Ein Adler, der einen Reiter mit zeitgenössischer Perücke – gemeint ist wohl der Kurfürst Friedrich Wilhelm – auf seinem Rücken davonträgt, stellt den Mittelpunkt der Reliefs dar. Dem Adler und seinem Reiter folgt auf der rechten Seite eine weibliche Darstellung. Sie scheint sich, wie Helios, an einen Wolkenthron anzulehnen und blickt aus dem Relief heraus. In der ausgestreckten Rechten präsentiert sie einen runden oder halbrunden Gegenstand mit einem Vorhängeschloss. Vermutlich hat sie ebenfalls einen göttlichen Charakter. In der benachbarten Metope ist der Vollmond, ebenfalls mit einem Gesicht, dargestellt. Es könnte sich bei der weiblichen Figur um die Mondgöttin Selene, die Schwester des Helios, handeln, denn sie trägt die Halbmondsichel auf dem Kopf. Dieses Symbol kennzeichnete die Göttin in der griechischen Kunst. Gerhard Richwin hat einen ausführlichen Artikel über das Portal und seine Interpretation geschrieben, allerdings ist nur noch ein Teil der von ihm beschriebenen ikonografischen Elemente am Original zu erkennen.

Das Portal des *Riesenhauses* ist ein einzigartiges Denkmal der Aufklärung sowie des Barock, dessen Erhalt lohnt. Es bleibt zu hoffen, dass solche Barbarei, wie die Anbringung einer Klingel auf dem linken Teil des Torbogens bei der zurzeit laufenden Restaurierung keine Wiederholung findet. Es ist mehr als ein Kunstwerk. Es beschreibt einen Bildungskosmos. Der prominente Auftraggeber des Portals ist trotz seiner Leistungen in der halleschen Stadtgeschichte fast in Vergessenheit geraten.

Trotha

Trotha und die von Trotha

Die Einfahrt nach Alt-Trotha mit der Kirche St. Briccius und dem Anwesen des Postmeisters Madeweis markiert das Kriegerdenkmal. *(Abb. 12)* Siegmar von Schultze-Galléra, der den Saalkreis intensiv bewanderte und für viele spätere Regionalhistoriker, wie Erich Neuß, zum Vorbild wurde, formulierte über den Ort Trotha im Jahr 1912: „*Der Kern Alt-Trothas liegt auf dem rechten Saaleufer von Kirche bis Mühle; später, im 18. Jahrhundert, ist das Unterdorf (und zwar seine Westseite zuerst) entstanden, der Verkehr der alten Brachwitzer-Wettinerstraße, die hier mündete, trug dazu bei. Das übrige Terrain, die ganze Hauptstraße (Trothaer Straße), ist eine Schöpfung jüngerer Zeit.*“ (Schultze-Galléra 2006, S. 26) Die Lage des Ortes an zwei Straßen in Richtung Magdeburg und Halberstadt bedingte den Charakter und die Entwicklung Trothas. Schon Johann Christoph von Dreyhaupt, der „*Herodot*“ des Saalkreises und der Stadt Halle, hebt in seinem Werk *Pagus Neltici et Nudzici* (1749/50) die Lage des Ortes hervor:

> „*Trotha, Dorff und Pfarrkirche, zum Amte Giebichenstein gehörig, diesseits der Saale 3 viertel Stunden von Halle am Saalstrohme und den Magdeburger und Halberstädter Landstrassen gelegen, die sich gleich hinter dem Dorffe scheiden, und erstere rechter Hand auf Teiche und Wießkau, letzte aber lincker Hand auf Morl und Könnern zugehet.*“ (Dreyhaupt 1749/50, S. 964)

Die erste Erwähnung der Mark Trotha

Der Wortlaut der Urkunde König Ottos I. vom 26. Juni 952, ausgestellt in Merseburg, legt Folgendes fest: „[...] id est Ozmina marcam cum duobis lucis, quorum unus infra ipsius confinium, alter vero extra situs videtur, et Taráta marcam cum castelo Grodista et Thobragora marcam, Steinbeki quoque, quod est in Schidinga marca, unâ cum silva, quae ex ipsa Schidinga marca ad praedictum Steinbeki comprehensa est atque coniuncta, ad haec etiam Brehstedi marcam et Vpina marcam, in pascuis, agris cultis et incultis, [...]" [Bierbach 1930, Nr. 2, S. 2 f.]

Die Ortschaft Trotha besitzt einen slawischen Ursprung, den die ursprüngliche Namensform *Tarata* aufzeigt. Die Mark Trotha tritt zum ersten Mal in einer Urkunde des Jahres 952 auf. Das Dokument, welches in Merseburg aufgesetzt wurde, beinhaltet einen Tausch von Gemarkungen zwischen Otto I. und seinem Vasallen Billing. Otto der Große überlässt Billing neben einigen Siedlungen im Saalkreis und der Mark Burgscheidungen auch die *Tarata marca* mit der dazugehörigen Befestigungsanlage in Groitzsch. Nach dem Tod Billings 965 fallen die Gebiete an Otto I. zurück, der diese 966 dem Moritzkloster in Magdeburg schenkt. Die Schenkung erfolgte im Zuge der Ausstattung des 968 gegründeten Erzbistums Magdeburg. Die Geschichte des Ortes und des 1163 zum ersten Mal urkundlich erwähnten Geschlechtes derer von Trotha verlief nun im Rahmen der Historie des Erzbistums Magdeburg. Jedoch war das Erzbistum Magdeburg nicht die einzige geistliche Institution, die Ansprüche auf Trotha geltend machte. Das Augustinerkloster Neuwerk, 1116 gegründet, erhielt vom Erzbischof Adalgot für seine erste Ausstattung *„[...] ecclesias sanctae Gertrudis, sancti Georgii, sancti Nicolai,* ***sancti Ioannis baptistae Chroce*** *et sancti Cyriaci Stuvere,* *praeterea XVII marcas de sale, V de moneta Hallo; et in diversis locis mansos LXXV et* ***dimidium decinam Croce.*** " (Urkunde Erzbischofs Adalgots von Magdeburg, 1116, in: Bierbach 1930, Nr. 15, S. 17–20) Dem Kloster wurden demnach 10 ½ Hufen Land im Dorf sowie die Kirche St. Johannes des Täufers übergeben. Der Schenkungsurkunde von 1116 kommt besondere Bedeutung zu, da sie beweist, dass die Kirche von Trotha ursprünglich Johannes dem Täufer, *sancti Ioannis baptistae*, geweiht war und nicht dem heiligen Briccius, wobei ein Doppelpatronat nicht ausgeschlossen ist. Die Urkunde weist einen Fehler auf. Der Name Chroce bzw. Croce, der in dem Dokument für Trotha erscheint, stellt eine Fehlschreibung dar. Sowohl in der Bestätigungsurkunde des Erzbischofs Rüdiger vom 5. Juni 1121 als auch in einer vom Erzbischof Wichmann ausgestellten Urkunde von 1. Dezember 1165, die dem Kloster Neuwerk Land bei Trotha für die Anlage eines Weinberges übertrug, nannten die Verfasser den Ort bei seinem richtigen Namen. Dieser lautete *Trote.* Der Weinberg befand sich übrigens, nach Wilhelm Jenrich, am Hoppberg.

Die erste Erwähnung eines in Trotha ansässigen Mitgliedes der Familie von Trotha erfolgte im Jahr 1163 in einer Urkunde des Markgrafen von Brandenburg. Sie nennt einen *Wernerus de Drothe.* Der Sitz des adeligen Geschlechtes befand sich auf dem Gelände des neuzeitlichen Preußischen Kaffeegartens. Das Areal wird geprägt vom 1685 errichteten repräsentativen Wohnbau des Postmeisters Friedrich Madeweis, mit späteren Anbauten, der vom Zerfall bedroht ist.

Die Belehnung des Klosters Neuwerk mit 10 ½ Hufen Land, sowie der Mühle, dem Werder und dem Steinbruch in Trotha setzte der Familie von Trotha enge Grenzen im Ort. Außer dem Kloster Neuwerk besaßen um 1400 folgende Herrschaften Lehen in und um Trotha: „*[...] die von Trotha mit 3 Freihöfen, 12 Gehöften, 10 Hufen, 4 Wiesen, 1 Werder, 2 Fischereien und 1 Solegrue, so wurde ein Teich genannt; Feenzel von Ende mit 2 ½ Hufen; die von Kotze mit 1 ½ Hufen; Busso von Giebichenstein mit 1 Hufe; Tile Kure mit 1 Hufe und 1 Werder; Ulrich Bornecker mit 2 Hufen und Friedrich und Dietrich Flechse besaßen einen Solbrunnen bei Trotha (salina prope Trote). Das wären etwa 24 Hufen bebauten Ackers, die etwa 800 heutigen Morgen entsprechen würden, eine stattliche Zahl für ein mittelalterliches Dorf!*“ (Schultze-Galléra 2006, S. 17)

Trotha entwickelte sich zu einem Klosterdorf. Aufgrunddessen kam es immer wieder zu Auseinandersetzungen zwischen den Mönchen vom Neuwerk und den von Trothas um die Rechte im Ort. Im Jahr 1458 verließen die von Trothas ihren Stammsitz, vor allem in Richtung Krosigk und Seeburg. Zuvor war 1426 ihr gesamtes Eigentum zerstört worden. Ihren Besitz im Dorf erhielt das Kloster Neuwerk. Der Konflikt zwischen der Stadt Halle und dem Erzbischof Günther von Magdeburg bezog auch deren Dienstmannen mit ein. Halle kämpfte für seine Unabhängigkeit vom Erzbischof. Letzterer versuchte sie zu verhindern. So entlud sich die Abneigung der Hallenser unter dem Stadthauptmann Henning Strobart gegenüber dem Erzbischof und seinen Verbündeten 1426 in Trotha. Sie zerstörten das Dorf mit den zwei Höfen derer von Trotha. Siegmar Schultze-Galléra überliefert eine Version dieser Zerstörung, wobei deren historischer Gehalt fraglich sein dürfte. Schultze-

Galléra gibt eine volkstümlich ausgeschmückte Version des konkreten Ereignisses wieder: „*Die Erzbischöflichen* [die von Trothas, F. B.] *hatten vor dem hallischen Steintor zwei Bürger und fünf Pferde gefangen genommen. Die hallischen Bürger verfolgten sie, überfielen das Dorf und brannten es nieder.*" (Schultze-Galléra 1924b, S. 130)

Doch Trotha erholte sich wieder. Einen weiteren Einschnitt in der Geschichte des Ortes stellte der Einzug der Reformation dar, der allerdings erst spät, um 1549/50, erfolgte. Der Dreißigjährige Krieg wütete in Trotha mit derselben Grausamkeit wie überall. Erst das 19. Jahrhundert sorgte für einen Aufschwung. Die Bevölkerung stieg um fast 1 000 Prozent. Zur Zeit der Eingemeindung nach Halle im Jahr 1900, zusammen mit Kröllwitz und Giebichenstein, lebten weit über 3 000 Einwohner in Trotha. 1907 waren es 4 500. Seit der Jahrhundertwende ist trothische Geschichte hallesche Geschichte.

Die stolze Residenz

Wernerus de Drothe gilt als der erste namentlich in einem Dokument erwähnte von Trotha. Seine Residenz lag in Trotha nicht weit von der Saale entfernt. Des Weiteren wird angenommen, dass sein Vater das Trothaer Lehen von Erzbischof Norbert von Magdeburg, dessen Amtszeit von 1126 bis 1134 andauerte, erhielt. Er und seine Nachkommen hatten von nun an auch für die Sicherheit der Straßen nach Magdeburg und Halberstadt zu sorgen. Die *de Drothe* stammen ursprünglich aus dem Geschlecht derer von Rebeningen. Sie waren Ministerialien in Röblingen am See im Mansfelder Land,

Abb. 1 – Alexander Haubold, seine Gattin Christina Sybilla, Tochter Magdalena Sybilla, Epitaph Bennstedt

Abb. 2 – Justus Jonas

Abb. 3 –
Das restaurierte Markt-
schlösschen 2007

Abb. 4 –
Südportal

Abb. 5 –
Wappen der Marschälle
von Bieberstein

Abb. 6 –
Herzog August
von Sachsen-
Weißenfels

Abb. 7 – Friedrich Madeweis, wohl von seiner Tochter Dorothea Sophia ausgeführt

Abb. 8 – Das Barockportal des Riesenhauses in Halle

Abb. 9 – Architrav mit Inschrift

Abb. 10 – Linker Gigant des Portales

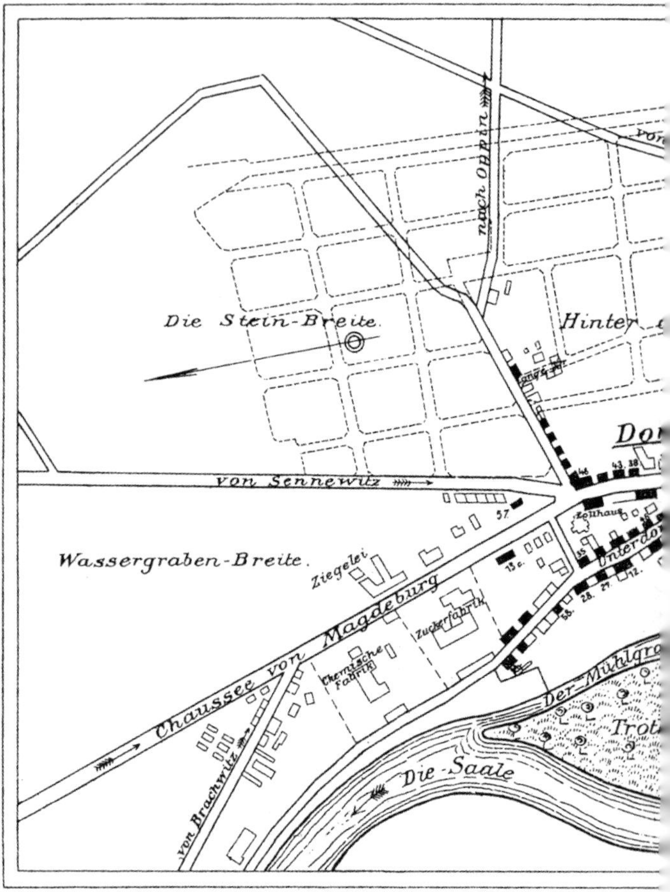

Abb. 11 – Karte, Trotha nach Jenrich 1902

Dorflage „Cröllwitz."

C.A. Kaemmerer & Co, Halle a.S.

Abb. 12 – Kriegerdenkmal in Trotha

Abb. 13 – Wappen der Familie von Trotha an einem Wirtschaftshof gegenüber der Würdenburg

Abb. 14 – Zeitgenössische Darstellung des Grundstücks von Friedrich Madeweis in Trotha

Abb. 15 – Zustand des Madeweis'schen Hauses im Januar 2008

Abb. 16 – Portalinschrift

Abb. 17 – St. Briccius in Halle-Trotha, Westturm, Nordansicht

Stammtafel der Bennstedter Linie der Familie von Trotha

– Nach der Stammtafel IV der Publikation des Adolf von Trotha 1940 –

Hans

Stifter der Bennstedter Linie
1496, gest. zwischen 4. 2. 1555 und 6. 5. 1556
auf Seeburg (1519), Bennstedt (1522) und Neu-Vitzenburg
Gräflich-Mansfeldischer Rat

Ehen: I) Anna von Watzdorff (geb. 1479)
II) Catharina (Nachname unbekannt/1550 Leibzucht für sie)

Söhne

I) Wolf
1544, gest. vor 1568 auf Neu-Vitzenburg
Ehe: um 1550 mit Agnes von Gottfarth (gest. vor 1556)

II) Friedrich
1539, gest. 4. 11. 1576 auf Seeburg
Ehe: vor 1574 mit Marie von Besike

III) Rudolf
1556, gest. vor 1579 auf Bennstedt
Ehe: (Vorname unbekannt) von Heinitz

IV) Caspar
1541, gest. vor 1557

Söhne von III, Rudolf auf Bennstedt

I) Hans
1579, gest. vor 1582

II) Johann Sebastian
1575, gest. vor 1588

III) Rudolf
1579, gest. am 14. 3. 1590 in der Schlacht von Ivry

IV) Günther
1579, gest. vor 1588

Aussterben der Linie mit dem Tod Rudolfs am 14. 3. 1590

Abb. 18 – Stammtafel

Abb. 19 – Die Kirche von Bennstedt, Südansicht, Januar 2008

Abb. 20 –
Südportal

Abb. 21 – Blick vom Eingang zum Altar

Abb. 22 – Altar

die aufgrund des Lehens nach Trotha umsiedelten. Sie nannten sich nach ihrer neuen Heimat. Diesen Zusammenhang zeigt auch ein Wappenvergleich. *(Abb. 13)* Der Rabe mit dem Ring im Schnabel erscheint bei beiden Geschlechtern. Besondere Berühmtheit erlangte das Trothaer Wappentier durch den späteren Bischof Thilo von Merseburg (1443–1514) aus dem Geschlecht der von Trothas. Bis heute befindet sich ein Rabenkäfig beim Merseburger Dom, der eine alte Anekdote über die Herkunft des Vogels im Trothaer Wappen versinnbildlicht. Demnach bezichtigte Thilo seinen langjährigen Kammerdiener, seinen Bischofsring gestohlen zu haben und ließ den Diener hinrichten. Einige Zeit später wurde der Ring bei Arbeiten am Merseburger Bischofsschloss in einem Rabennest gefunden. Reumütig musste Thilo Buße tun. Eine schöne Geschichte, die jedoch der Fantasie entsprungen ist. Bereits *Wernerus de Drothe* (1163) hatte nachweislich dieses Wappen. Er hatte es schon von seinem Vater und dessen Vorfahren aus dem Mansfeldischen übernommen. An dieser Stelle sei auf die umfangreichen Familienforschungen von Ernst und Adolf von Trotha verwiesen. Vom ehemaligen Sitz derer von Trotha, den sie mindesten zwischen 1163 bis 1458 nutzten, hat sich nichts erhalten. Lediglich die alten Kellergewölbe des stattlichen Gebäudes von Friedrich Madeweis sorgen für eine Diskussion. Gehen diese auf den trothischen Rittersitz des Mittelalters zurück? Otto Jacob gibt in seiner Publikation *Der Kaffeegarten* das Ergebnis einer Untersuchung der Kellergewölbe des Jahres 1992 an: *„Fast hundert Jahre später, im Herbst 1992, untersuchten die Trothaer Bürger Dr. Horst Heymann* [der

Veterinärmediziner ist einer der späteren Initiatoren der IfHaS, F. B.], *Dr. Horst Neumeister und der Student Matthias Maurer mehrere Tonnengewölbe im Keller des Gebäudes und fanden die Vermutung Jenrichs bestätigt: Die mehr als meterdicken Mauern aus Petersberger bzw. Löbejüner Porphyrbruchsteinen sind die alten Fundamente, auf denen das Gebäude heute noch steht.*" (Jacob 1993, S. 10) Leider wird der Grund für die Erkenntnis nicht angegeben. Trotzdem gilt es, Vorsicht mit einer abschließenden Einschätzung walten zu lassen. Es ist nicht ausgeschlossen, dass die massiven Keller auf die nachherigen Besitzer, die Familie von Kotze, zurückgehen. Hermann von Kotze erhielt das Lehen 1464. Zumal aus der Urkunde vom 27. Dezember 1464 hervorgeht, dass Hermann von Kotze den zerstörten Hof wieder aufbaute. Eine endgültige Datierung bleibt damit eine Aufgabe für die Zukunft. Weitere Aussagen über das Gut als Sitz derer von Trotha sind mangels Informationen nicht möglich. Wie schon erwähnt, verlor die Familie zwischen 1424 und 1458 alle Rechte an diesem Ort. Fest steht, dass das Anwesen unter der Familie von Kotze restauriert und verpachtet wurde. Weitere Eigentümer des Gutes waren Lazarus Kost und Heinrich Geiselen. *(Abb. 14)*

Das Anwesen wurde im Dreißigjährigen Krieg verwüstet und zerstört. Das Grundstück mit den Resten der Gebäude erwarb der kurfürstlich-brandenburgische Postmeister Friedrich Madeweis. Er errichtete 1685 ein einstöckiges Gebäude mit einem großen Garten. Das war vier Jahre nach seiner Berufung nach Halle. Die Abbildung 17 zeigt diesen ersten Bauzustand. Erst später ließ Madeweis das Gebäude zu einem zweigeschossigen

Putzbau mit hohem Walmdach ausbauen. *(Abb. 15)* Das Portal, dessen Zustand sich in den letzten Jahren merklich verschlechtert hat, ziert eine Inschrift *(Abb. 16)*, die den Bauherrn des Gebäudes nennt:

> *Deus Protector Domus Anno 1685 Friderich Madeweis Structurae Autor*
> (Gott der Patron des Hauses, im Jahre 1685, Friedrich Madeweis, Erbauer des Bauwerks)

Die Anlage des Lustgartens unterlag ganz dem barocken Zeitgeist: „*In der Mitte stand ein kleines Lusthäuschen. Gradlinige Buchsbaumwege führten zu Urnen und Säulen. Grotten und Spalierplätzchen wechselten miteinander ab. Diese herrschaftliche Anlage hat sich bis spät ins 19. Jahrhundert erhalten.*" (Hoffmann 1943, S. 238)

Das Exil der schönen Gräfin

Das Anwesen fand auch Eingang in die Literatur. Albert Emil Brachvogel (1824–1878) versetzte innerhalb seines Romans *Friedemann Bach* das Exil der wohl äußerst attraktiven Antonie von Kolowrat-Krakowski nach Trotha. Sie war eine Stieftochter von Graf Heinrich von Brühl (1700–1763). Otto Jacob fasst die Geschichte wie folgt zusammen: „*Als Brühl nach dem Tode August des Starken im Jahre 1733 Minister wurde und die Gräfin* [Maria Anna Franziska Gräfin von Kolowrat-Krakowski, F.B.] *ehelichte* [17. April 1734, F.B.], *war ihm deren Tochter Antonie bei seinen ehrgeizigen Vorhaben wohl im Wege, deshalb schickte er sie zu seinem Freund Abraham von Eichstädt nach Trotha in die Verbannung. Der vorgebliche Grund: Sie hatte sich in ihren Musiklehrer, nämlich Friedemann Bach, verliebt und mit dieser unstandesgemäßen Beziehung Herrn Brühl bei Hofe kompromittiert.*" (Jacob 1993, S. 14 f.) Am Ende heiratet Antonie einen der Söhne des Abraham von Eichstädt, der 1740 durch die Unterstützung des Grafen Brühl den ehemaligen Besitz des Friedrich Madeweis in Trotha erwarb. Brühl und von Eichstädt pflegten eine enge Freundschaft.

Kurfürst Friedrich III., seit 1701 König Friedrich I. von Preußen, weilte auf dem Anwesen des Postmeisters Madeweis während seines Besuches im Juli 1694. Friedrich III. eröffnete am 12. Juli die Universität und am 13. Juli die Saaleschleuse in Trotha. Der Besuch bei seinem hochgeschätzten Postmeister Madeweis war nur folgerichtig.
Eine weitere Besonderheit stellt die Dachkonstruktion dar. Es handelt sich dabei um einen doppelten Kaiserstuhl aus zum Teil sehr massiven Balken. Nach Meinung der schon erwähnten Forscher tritt diese Dachstuhlform nur noch einmal in Nürnberg auf.

Abraham von Eichstädt war der letzte Besitzer, der das Anwesen als repräsentative Residenz mit Lustgarten benutzte. Nach seinem Tod erfuhr das Haus einen Funktionswandel. Eine Familie Brand verpachtete um 1800 das Areal einem Amtmann Bieler, der das Schankrecht für Giebichensteiner Bier erwarb. Unter dem Namen *Brands Garten* entwickelte es sich bis 1840, besonders in den Sommermonaten, zu einem beliebten Ziel hallescher Familien. Das florierende Logierhaus wurde 1840 das Eigentum Gottfried Reuters. Er übergab es jedoch seinem Schwager Preiß. Seine Familie führte den nun *Preißischen Kaffeegarten* überaus erfolgreich bis in die 90er Jahre des 19. Jahrhunderts. Sie errichteten den Anbau, einen großen Festsaal, an das Haupthaus. Bis zum Anfang des Ersten Weltkrieges, der dem geselligen Treiben im Kaffeegarten ein Ende bereitete, führte Franz Edel, der Inhaber des Neuen Theaters in Halle, das Etablissement mit über 2 000 Sitzplätzen im Garten. *„Als Publikumsmagnet erwiesen sich auch hier seine fähigen Coupletsänger, Grotesktänzer und Imita-*

toren, deren Auftritte im Kaffeegarten traditionsgemäß garniert wurden mit Obst- und Speckkuchen und Bier aus der halleschen Brauerei Rauchfuß." (Jacob 1993, S. 21)

Auf die weiteren Nutzungen als Schule, Jugendheim und Ruderstützpunkt kann an dieser Stelle nicht weiter eingegangen werden. Heute wird das traditionsreiche Gebäude nicht mehr genutzt. Es ist abgesperrt, die Fenster sind vermauert und eine Metalltür sichert das Haus. Die Hoffnung der Bürgerinitiative *Gesundes Trotha,* den Kaffeegarten zu retten, scheint in weite Ferne gerückt. Fest steht: Der Bau ist vom Einsturz bedroht, der bei dem jetzigen Zustand in kurzer Zeit erfolgen könnte.

Spaziergang durch Alt-Trotha

Die Pflasterstraße in Alt-Trotha *(Abb. 11)* verläuft durch den Ort. Die Saale ist nicht weit entfernt. Am Flussufer schweift der Blick nach rechts zu einer kleinen Brücke. Sie führt zum Forstwerder und zu der Saaleschleuse. Ein paar Meter in die gleiche Richtung stand einst die Mühle. Der Erzbischof Rüdiger von Magdeburg schenkte diese 1216 dem Kloster Neuwerk. Nach der Aufhebung des Klosters durch Kardinal Albrecht ging die Mühle an das Amt Giebichenstein. Siegmar von Schultze-Galléra bemerkt zu ihr: „*Die Mühle hatte drei Räder, sechs Gänge, war Mehl-, Öl- und Schneidemühle. Laut Reglement von 1710 mußten außer Trotha noch 23 Ortschaften ihr Getreide hier mahlen lassen, darunter Gutenberg, Seeben, Sennewitz, Groitzsch. Dazu kam, dass die Zollabgabe im*

Orte mit der Mühle verbunden war.“ (Schultze-Galléra 2006, S. 19) Im Jahr 1838 kam die Mühle in Privatbesitz. Der Forstwerder trug auch die Bezeichnung *Insel der Seligen*. Allzu häufig kam es vor, dass in der Saale Ertrunkene durch die Strömung des Flusses an den Ufern des Werders angespült wurden. Am anderen Ufer stehen die Ruinen der Kröllwitzer Papierfabrik.

Die Kirche St. Briccius liegt an der schmalen Pfarrstraße. St. Briccius erhebt sich auf einer Anhöhe. Eine aus der akuten Hochwassergefahr resultierende Notwendigkeit. Die Lage der Kirche auf einer Porphyrkuppe hat nichts mit der Überbauung einer ehemaligen heidnischen Kultstätte zu tun. Diese Ansicht vertrat noch Siegmar von Schultze-Galléra. In seiner Beschreibung der Trothaer Kirche erwähnt er zudem eine bei Erdarbeiten 1910/11 entdeckte Grube. Er interpretierte sie als heidnische Opferstätte mit Blutrinne. Jedoch sind es wohl Reste vergrabener Taufsteine. Die Kirche selbst ist „*[...] ein einschiffiger Bau mit einem quer gelagerten Westturm. Die Südseite des Gebäudes wird von einer Erweiterung aus den Jahren 1910/11 im Reformstil der Heimatschutzbewegung bestimmt und ist dementsprechend verputzt. Die anderen Seiten sind steinsichtig belassen.*“ (Bachmann 2006, S. 230) Der Westturm stammt in seiner Kernsubstanz aus romanischer Zeit. *(Abb. 17)* Die Fenstergewände weisen auf eine barocke Veränderung des Turms hin. Das Portal geht auf die baulichen Veränderungen der Jahre 1910/11 zurück. Reste eines romanischen Drillingsfenster haben sich in der Nordwand der Glockenstube durch Leibungsreste erhalten. Die Reste in Form von Säulenfragmenten sowie drei Basen zieren heute das 1730 eingefügte und später vermauerte

Ostportal. Ein bedeutender barocker Umbau ist für das Jahr 1730 belegt. An der Ostwand finden sich zudem zwei weitere vermauerte Rundbogenfenster. Die Nordseite strukturieren seit 1730 drei langbahnige Fenster sowie zwei Strebepfeiler. Spuren der Romanik haben sich auch an der Nordwand erhalten. Ein zugemauertes Rundbogenfenster und der ursprüngliche Eingang in die Kirche zeugen vom Vorgängerbau. In die ehemalige romanische Pforte ist ein Grabstein eingelassen.

Die Inschrift des alten Grabsteins

Die Inschrift lautet nach Seidler: *„Anno 1605 den 28. Juli ist die Erbare und Tugendsame Fraw Justina, Andreas Beygers Hausfrau neben ihr Söhnlein Andreas in Got seeliglich entschlafen. Die Angst meines Herzens ist gross, führe mich aus meinen Nöten. Psalm 25."* (Seidler 1997, S. 12)

Die Innenausstattung der Kirche ist ihres alten Bestandes weitestgehend beraubt worden. Ein romanischer Taufstein aus der zweiten Hälfte des 12. Jahrhunderts mit achteckiger Grundform und Heiligendarstellungen, der einst in der Trothaer Kirche stand, gehört zum aktuellen Bestand des Landeskunstmuseum Moritzburg. Besonderer Erwähnung bedarf der spätgotische Kruzifixus. Es hängt seit 1954 über dem Altar. In diesem Jahr fand auch die Restaurierung des Schmerzensmannes mit Echthaar statt. Allerdings wurde die helle Farbgebung der Barockzeit nachvollzogen und nicht die Ursprüngliche. Das Wappen derer von Trotha ist auch in der Kirche – in einem der beiden 1910/11 eingepassten Bildfenster – vorhanden. Es erinnert an die bedeutende Familie, die hier in Alt-Trotha ihren Ursprung hat. Das andere Fenster zeigt die Verklärung Jesu. Mose und Elias flankieren ihn.

Bennstedt

Bennstedt als Sitz adliger Herren

Erich Neuß formulierte innerhalb seiner Beschreibung von Bennstedt: „*Wir näherten uns dem stattlichen Dorf. [...] Daß aber Bennstedt einst von Teichen und großen und kleinen Gräben umgeben, daß es ein wasserreiches Dorf in wasserreicher Flur gewesen, das vermochten wir nicht eher zu glauben, als bis der prachtvolle Plan des prinzlichen Amtes Bennstedt (1776 von Bauinspektor Reichhelm gezeichnet) vor uns ausgebreitet lag. Die Wandlungen eines industriellen Jahrhunderts zerrissen vor unserem inneren Auge und statt der nüchternen Dorfstraße erstand das Bild eines adligen Rittersitzes mit Wasserschloss, Amtshof und Lustgarten, erhob sich aber auch die Frage nach der älteren Geschichte des Dorfes und nach den Urhebern aller dieser längst verschwundenen Baulichkeiten und Anlagen, von denen nur die landwirtschaftlichen die Zeit überdauerten, ja, ihnen sich in bemerkenswerter Weise anpaßten.*“ (Neuß 1999, Bd. 1, S. 25)

Bennstedt unterstand im Laufe der Jahrhunderte verschiedenen Herrschaften und Institutionen, die das Dorf je nach ihren Bedürfnissen veränderten. Die Ursprünge der Siedlung gehen wohl, wie die des nicht weit entfernten Köllme, auf die Völkerwanderungszeit zurück. Die erste Erwähnung des Ortes unter der Bezeichnung *Bannungestat* liefert das Hersfelder Zehntverzeichnis (830–850). Ein Dienstadelsgeschlecht, die als *milites* Erwähnung finden, war hier ansässig. In einer Urkunde von 1246, die zudem den Weinbau am

Zorgesberg in Bennstedt belegt, treten Berthold, Johannes, Widukind, Heidenreich, Konrad und Gerardus von Bennstedt als Zeugen auf. Ihr Name lautet in der Urkunde *Schricke*. In dem Dokument wurde der Bennstedter Weinberg dem Deutschordenshaus St. Kunigund in Halle geschenkt. Diese verpachteten ihn aber 1266 an zwei Bauern in Bennstedt für die Hälfte des jährlichen Ertrages.

Später fiel das Dorf in den Besitz derer von Hakenborn, die es 1346, namentlich Albrecht VI. von Hakeborn, Graf Burchard VII. von Mansfeld verkauften. Zudem besaßen auch Klöster Rechte im Ort, so hatten *„[...] die Klöster Hedersleben und Helfta Einkünfte und Besitz im Dorfe; jenes einen Hof und eine halbe Hufe zum Seelengedächtnis der Grete Schricke, der Witwe Konrads von Bennstedt (die selber 1288 der Marienkammer zu Halle einen Hopfgarten geschenkt hatte); dieses eine Reihe von Geldzinsen und das Besetzungsrecht über die Kirche von Bennstedt.“* (Neuß 1999, Bd. 1, S. 26)

Zu dieser Zeit dürfte das Dorf, wie schon im Eingangszitat erwähnt, ein anderes Antlitz gehabt haben. Nach dem Kauf von Bennstedt durch die Mansfelder Grafen hatten hier ihre Amtsleute aus niederem Dienstadelgeschlecht ihren Sitz. Ihre Residenz war die von Neuß so bezeichnete Burg oder Wasserburg. Ein Bach trennte das Gebäude vom Dorf. Die Burg darf man sich dabei jedoch nicht als eine festungsähnliche Anlage vorstellen. Vielmehr besaß sie den Charakter eines Wirtschaftshofes, ähnlich dem in Trotha vom 12. bis zum 15. Jahrhundert. Vielleicht existierte in Bennstedt ein befestigter Wohnturm, eine *Motte*, umgeben von einem Palisadenzaun. Die Wohntürme waren vornehmlich aus Holz. Oftmals waren nur die Fundamente aus Stein. Bis in das Spätmittelalter dienten sie niederen Adligen als Sitz. Die berühmteste Darstellung einer *Motte* ist übrigens auf dem Teppich von Bayeux (um 1080) ausgeführt. Der Teppich zeigt die Eroberung Englands durch die Normannen im Jahr 1066.

Ein weiterer Einschnitt in der Geschichte Bennstedts erfolgte 1439. Nachdem im Laufe der Zeit die Mansfelder Grafen sich beim Halleschen Stadthauptmann Henning Strobart verschuldet hatten, verpfändeten sie den Ort für 17 Jahre an ihn. Henning Strobart erlangte Berühmtheit durch seine Rolle in den Auseinandersetzungen zwischen den Magdeburger Erzbischöfen und den Städten Halle und Magdeburg. Er übte das Amt des Stadthauptmanns von Halle aus. Strobart besaß in Schiepzig, Benkendorf sowie Granau Güter, so dass der Gewinn von Bennstedt und dessen Gemarkungen hinsichtlich des Aufbaus einer zusammenhängenden Grundherrschaft überaus nützlich war. Bis zur Entmachtung des Stadthauptmanns, die ein Bündnisvertrag zwischen Erzbischof Friedrich von Magdeburg und der Stadt Halle festsetzte, behielt er Bennstedt als Lehen. Inwieweit Strobart den Rittersitz von Bennstedt als Wohnstätte genutzt hat, ist unklar. Spuren dieser schillernden Persönlichkeit mit drei Pfauenfedern als Helmzier haben sich weniger in Bennstedt als auf dem Markt von Halle erhalten. Der Bau des Roten Turmes in der Zeit Henning Strobarts verbrauchte sowohl Kalk aus Lieskauer als auch aus Bennstedter Brüchen. Strobart starb 1456 als Staatsgefangener in einem dunklen Verließ, der *Finsteren Jupe*, auf Schloss Rochlitz. Das Lehen fiel wieder an die Mansfelder Grafen zurück.

Am 1. Mai 1522 belehnten die Mansfelder Grafen Hans von Trotha auf Seeburg, genannt Hans der Jüngere, mit dem Dorf Bennstedt. Er war der Gründer der Bennstedter Linie der Trothaer Adelsfamilie *(Abb. 18)*.

Er verschied 1555 oder 1556. Die Linie starb nicht viel später, schon 1590, wieder aus. Hans von Trotha erhielt im Jahr 1513 die Beförderung zum Amtmann der Grafen von Mansfeld-Mittelort. Er residierte lange Zeit auf Seeburg. Erst ab 1533 nennen ihn die Urkunden *auf Benstedt*. Zwischen 1539 und 1554 kam es zu einem Streit um Bennstedt, der an das Reichskammergericht gelangte. Letztendlich war es ein Streit zwischen den Grafen von Mansfeld, der auf dem Rücken des Hans von Trotha, dem Amtmann Graf Gebhardts, ausgetragen wurde. Hans, der seinem Sohn Friedrich die Regelung der Angelegenheit auftrug, erhielt am Ende recht. Sein Besitz wurde bestätigt. Adolf von Trotha beschrieb den Anfang des Konfliktes auf Grundlage der Archivbestände. Darin sind einige interessante Einzelheiten über die Bautätigkeit des Hans von Trotha enthalten: *„Am 9.2.1539 überfielen 3–400 Mann des Grafen Albrecht zu Mansfeld zu Roß und Fuß das Dorf Benstedt. Hans von Trotha war mit seinem Weibe und den ältesten Söhnen auf einer anderen Wirtschaft abwesend, nur die kleinen Kinder zu Hause. Die Angreifer sind erst ‚uff den alden Hoff' und von dort ‚vor das neue Hauß gegangen'. Ludwig v. Wiehe auf Burgscheidungen, mansfeldischer Amtmann zu Schraplau, der Führer des Überfallkommandos, ließ sich das von Hans erbaute neue ‚steinerne' Haus durch den Hausknecht und die Köchin, welche die Schlüssel dazu in Verwahrung hatte, öffnen. Die Benstedter Untertanen mußten dem Grafen Albrecht huldigen; es wur-*

de ihnen anbefohlen, sich nicht mehr an Hans v. Trotha, sondern an das Amt Schraplau zu halten, ihm nicht mehr zu folgen oder ihm Frohndienste zu leisten.“ (Von Trotha 1940, S. 326)

Wie schon gesagt, Hans behielt seine Rechte am Ort, der Kaufvertrag von 1522 war rechtmäßig. Es tauchten aber von der Seite Albrechts von Mansfeld während des Prozesses Anschuldigungen gegen Hans und seine Söhne auf, mit der er sein Eingreifen rechtfertigte. Er wollte ihn nur zum Gehorsam bringen, denn „*[...] Sonderlich sein Sohn Caspar treibe teglich den armen leutten gleichen solchen muthwill und gewalt wie der Vater gethan ...*“. (Von Trotha 1940, S. 328) Ob Wahrheit in dieser Aussage steckt, kann nicht mehr beurteilt werden. Interessant ist aber die Erwähnung eines neuen steinernen Hauses, wohl abseits des alten Hofes. Wenn schon die Quellen das neue Haus des Hans von Trotha als steinernes herausheben, dann werden die vorigen Höfe der Dienstmannen und auch das Anwesen zur Zeit des Henning Strobart vermutlich nicht aus Stein gewesen sein.

Erich Neuß berichtete von einem Besuch im Gutshaus der Familie Koch, das auf dem Areal des alten Adelssitzes errichtete wurde: „*Sein Enkel* [Moritz Adolf Otto Koch, F. B.], *der Oberstleutnant a. D. und Ritter Pour le mérite, empfing uns in der gewölbten Halle des behäbigen und schlichten, mit einem echt Saalkreiser Walmdach gedeckten Gutshauses und führte uns in den gleichfalls gewölbten Esssaal zur Rechten. Unser erster Eindruck von den Kreuzgewölben und dicken Fenstergewänden war: das ist doch Trothaisches oder gar Strobartisches Gemäuer!*“ (Neuß 1999, S. 43) Die Tendenz muss ganz klar zu dem Trothaischen Gemäuer gehen. Dasselbe gilt für die Keller. Es sind wohl die Reste des *Steinernen Hauses.*

Nach den Nachrichten von dem Prozess errichtete Hans von Trotha in Bennstedt zudem eine neue Schäferei, einen Backofen, einen Fischhalter sowie einen neuen Weinberg. Die Söhne des Hans von Trotha veränderten nicht mehr viel. Rudolf von Trotha, ein Enkel des Hans von Trotha, starb 1590 in der Schlacht von Ivry unter Heinrich IV. von Frankreich. Er hinterließ, wie seine Brüder, keine Nachkommen. Der Besitz fiel an Friedrich von Trotha auf Teutschenthal. Er residierte auf der Würdenburg. Trotz der schwierigen Finanzlage konnte Friedrich Bennstedt zunächst sichern und seinem Sohn Georg Rudolph übergeben. Georg Rudolph *„[...] musste dabei allerdings am 2. 9. 1606 eine Schuldforderung an die v. Tettaus in Höhe von 20000 Gulden anerkennen. Er bürgte dafür mit seinem Hab und Gut soweit nötig.“* (Von Trotha 1940, S. 25)

Zwölf Jahre später begann der Dreißigjährige Krieg. Die späteren Verwüstungen machten Abtragen der Schuldenlast für die Nachfahren Georg Rudolphs unmöglich.

Im Jahr 1657 kauften die Marschälle von Bieberstein das Dorf Bennstedt den von Trothas, *in persona* von Wolf Thilo von Trotha (1620–1683), ab. Ihr Wirken stellte eine große bauliche Veränderung für das Dorf dar. Sie bauten den Amtssitz der von Trothas zu einem barocken Herrensitz um. Die Landschaftsplanung umfasste die Einfassung des reichlich vorhandenen Wassers und die Anlage eines Lustgartens. Joachim Wilhelm Marschall von Bieberstein war der Besitzer.

Ein barockes Kleinod – Die Kirche von Bennstedt

Die Kirche zu Bennstedt *(Abb. 19)*, deren Schutzpatron unbekannt ist, fand erstmals 1298 urkundlich Erwähnung. Es handelt sich um eine einschiffige Saalkirche. Am 20. April 1681 zerstörte ein Brand die Kirche und große Teile des Dorfes.

Die Brandkatastrophe von 1681

Gerlinde Schlenker liefert in ihrem Beitrag *Die Kirche von Bennstedt* den Bericht des Pfarrers M. Christian Sommer aus dem Rechnungsbuch der Pfarrei Bennstedt zu den Ereignissen des Brandtages: *„Entstundt in meiner abweßenheit, in dem Ich aber zu Hall geweßen, bei sehr heißem, trüben Wetter, ohngefähr umb 1 Uhr nachmittage eine grausame Feuerbrunßt in des Böttchers Hauße, wie es aber außkommen oder verwahrloßet Hat niemand recht erfahren Können, so in die 20 Wohnhäußer, die auch mehreren Theilß gantz new erbauet, ohne Scheun und Ställe, ohne Pferd undt anderem Viehe, sampt Kirche und Schule, faßt in einer Stundt auf einmahl eingeäschert, also dass das geringste nicht auß der Kirche hat Können gerettet werden, auch weder Altaar, noch Taufstein, die doch Steiners geweßen, stehend blieben, sondern Zersprungen und zerschmettert und die Glocken Zerschmoltzen worden von der alzugroßen Hitze wie das auch die Kirch Mauern auf eine halbe Elle in der Dicke gantz Mürbe verbrandt, daß es Herabgefallen und dem gantzen Mauerwerk großer Schaden dadurch geschehen. Solcher große Unglückstag der Kirche war der 20. April D. 811 (Mittwoch) post Misspost erichordias Domini Anno 1681.* (Zitiert nach: Schlenker 2000, S. 123)

Für die Kirche, die in der Zeit von 1527 bis zum dem Eingreifen Kardinal Albrechts 1535 von halleschen Bürgern aufgesucht wurde, um den lutherischen Gottesdienst zu besuchen, wurde dieser Tag ihr trauriges Ende.

Der quadratische Chorturm mit Rundbogenfenstern im Osten des Sakralbaus weist noch in die romanische

Zeit. Jedoch besaß er niemals Wehrcharakter, wie noch im Jahr 2000 von G. Schlenker vertreten. Dass er als Teil des einzigen steinernen Gebäudes in dem mittelalterlichen Dorf eine Rückzugsmöglichkeit bot, ist unbestritten. Dirk Höhne hat 2003 in einem Artikel *Bemerkungen zur sogenannten Wehrhaftigkeit mittelalterlicher Dorfkirchen* dazu Stellung genommen. Er bemerkt unter anderem: „*Bei den Türmen sollte neben einem Abhängigkeitsverhältnis zwischen Wandstärke und -höhe auch der funktionale Aspekt als Glockenträger nicht außer Acht gelassen werden, denn man war sich der zusätzlichen Belastung des Mauerwerks durch die Schwingungen der Glocken durchaus bewußt. Betrachtet man die tatsächlich vorhandenen Wanddicken, relativieren sich Attribute wie ‚stark' und ‚mächtig' sehr schnell. Die größte nachweisbare Mauerbreite bei romanischen Kirchtürmen im Arbeitsgebiet läßt sich mit 1,80 m im Erdgeschoß der Kirche in Schwerz finden. In der Regel übertreffen die Mauerstärken der Türme allerdings nicht den Wert von 1,50 m; manchmal kommen sogar nur Maße um 1,00 m vor.*" (Höhne 2003, S. 129) Nach Aussage des Architekten, der die Rekonstruktionsarbeiten am Turm 2007 leitete, variiert die Mauerstärke des Turmes in Bennstedt zwischen 1,00 m und 70 cm, d.h. die –Mauerdicke ist unterdurchschnittlich gering. Von einer Wehrfunktion kann hier nicht die Rede sein. Die Mauerdicke garantiert die Stabilität des Turmes. Das schiefergedeckte Dach mit der Turmuhr aus dem 19. Jahrhundert wurde ebenfalls 2007 restauriert.

Die Erneuerung des Kirchenschiffes mit dem westlichen Gruftanbau übernahm 1682 der Patron der Kirche, der Fürstlich-Sächsische Hofmeister Joachim

Wilhelm Marschall von Bieberstein (1627–1691). Probleme bereitet das südliche Portal. *(Abb. 20)* Die Spitzbogenform des Eingangsportals weist in die Zeit der Spätgotik, zudem sind die drei großen Fenstergewände der Südseite ähnlich ausgeführt. Es ist anzunehmen, dass das Kirchenschiff bei dem Brand stark in Mitleidenschaft gezogen wurde. Neben dem Portal fällt bei genauem Hinschauen in ca. 1,20 m Höhe eine Änderung in der Setzung des Mauerwerks auf. Der untere Teil des Mauerwerks, das wesentlich unregelmäßiger gesetzt ist, könnte vom Vorgängerbau stammen, wie auch das Portal. Der Torbogen weist besonders an den Seiten Beschädigungen auf. Vermutlich brach das Portal des spätgotischen Vorgängerbaus während der Brandkatastrophe auseinander und wurde bei der Erneuerung wieder zusammengesetzt. Anscheinend versuchte man bei der Rekonstruktion die spätgotischen Formen nachzuvollziehen. Das würde die Form der Fenstergewände erklären. Es mangelt der Kirche an den für die Zeit typischen barocken langbahnigen Fenstern mit Strebepfeilern. Im Endeffekt könnte man für die Bennstedter Pfarrkirche damit vier Bauphasen festhalten: eine romanische, eine spätgotische, sowie zwei barocke. Die Leichenpredigt Joachim Wilhelms gibt zwei grundlegende Erneuerungen der Kirche unter seiner Ägide an: „*Was Er an Kirchen-Pfarr- und Schul-Häuser gewendet/bezeuget dieser Gott gewidmete heilige Orth nebst angehörigen/welche Er 2. Mahl nach ein ander von Grund aus neu und schön nebst der Leichen-Grufft vor sich und seine hohe Familie erbauet.*“ (Leichenpredigt auf Joachim Wilhelm Marschall von Bieberstein, Halle 1691, S. 61)

Höchstwahrscheinlich hatte Joachim Wilhelm schon vor der Brandkatastrophe einen Umbau durchgeführt. Er wurde durch die Feuersbrunst zerstört.

In der Pfarrkirche *(Abb. 21)* bestimmen besonders drei Teile der Ausstattung den Raum: der etwa sechs Meter hohe und zweieinhalb Meter breite Altar, das Epitaph Joachim Wilhelms Marschall von Bieberstein, dem Eigentümer Bennstedts, und seiner Frau Armgard (geb. Hahn auf Seeburg, 1628–1684) sowie das Epitaph Alexander Haubolds Marschall von Bieberstein, dem Eigentümer des Marktschlösschens mit seiner Gemahlin Christina Sybilla (geb. von Stange aus dem Hause Crossen, 1651–1691).

Der barocke Altar *(Abb. 22)* ist in den Farben Weiß, Gold und Ocker gehalten. Das sakrale Kunstwerk unterteilt sich in drei Szenen aus dem Leben von Jesus Christus, dem Abendmahl, der Kreuzigung und der Auferstehung. Das Bildprogramm umfassen zwei weibliche Tugendallegorien. Während die linke Figur den Glauben *(fides)* symbolisiert, ist die Rechte eine Personifikation der Liebe (*caritas*). Die Darstellung des Abendmahls in der Predella des Altars entspricht der Auffassung Luthers. Er hielt das Abendmahl für das wichtigste Bildmotiv: *„Erst in der protestantischen Kirche wird das Abendmahlsbild ständiger und verbindlicher Schmuck des Altares."* (Oertel 1994, S. 260)
Die anderen zwei Altarbilder stehen auch ganz im Zeichen protestantischer Christusauffassung, verwirklichen sich doch in der Kreuzigung und der Auferstehung die Liebe und der Glaube. Auf diese beiden Grundsätze nehmen beide weiblichen Tugendallegorien Bezug. Nach der lutherischen Auffassung dienen

Bilder als Mittel zur Verbreitung des Evangeliums, zur Betrachtung und als Erinnerungen an die Taten Gottes. Aber die Bildthemen müssen aus der Schrift hervorgehen.

Martin Luther über Abendmahlsdarstellungen in Kirchen

„Aber wer Lust hätte, Tafeln auf den Altar zu setzen, der sollte lassen das Abendmahl Christi malen; denn weil der Altar dazu verordnet ist, daß man das Sakrament darauf handeln solle, so könnte man kein besseres Gemälde daran machen. Die anderen Bilder von Gott und Christus mögen wohl sonst an anderen Orten gemalet werden." (Martin Luther zitiert nach Oertel 1994, S. 259)

Den Altar schmücken des Weiteren Weinranken, geflügelte Putten und Puttenköpfe. Ob die Weinranken mit den Trauben hier das christliche Symbol meinen oder vielleicht auch auf den Weinbau der Region anspielen, sei dahingestellt. Eine Seltenheit in der Kirche sind die barocken Kandelaber, denn oft sind solche mobilen Ausstattungsgegenstände Diebstählen zum Opfer gefallen.

Direkt neben dem Altar besticht das Epitaph *(Abb. 23)* Alexander Haubolds und seiner Frau Christina Sybilla durch seinen Formenreichtum. Beide starben in Heldrungen. Die Beisetzung von Alexander Haubold erfolgte aber in der Bennstedter Gruft. Sie war eine Art „Sammelpunkt" für die in der Region ansässigen Mitglieder der Familie. Christina Sybilla wurde in Bretleben beerdigt. Das 5 m mal 2,5 m große Kunstwerk besitzt drei Ebenen. Die Basis bildet der Sockel mit einer Inschrift, der Vita des hohen Herren. *(Abb. 24)*

Sockelinschrift am Epitaph Alexander Haubolds Marschall von Bieberstein

Der Wohlgeborene Herr Alexander Haubold Marschalch von Bieberstein, Fürstl. Sächss. Weißen-Felßi. Commendante, und Ambtshauptmann der beyden Vesten Plätze Helderung u. Querfurt ward gebohren Ao: 1632 den 14. Decemb: starb in Gott sanfft und seelig zun Helderung den 14. December: Ao: 1694. ward den 25. Janu: Ao: 1695. alhier in sein erwehltes Begräbnis beygesetzet.

Die Wohlgeborne Christiana Sybilla, Mareschalhin von Bieberstein, gebohrne Stangin auß dem Hauße Croßen, ward gebohren Ao: 1651 den 15. Decembris und verschied sanfft und seelig den 10. December Ao: 1691 zu Helderung, worauf sie kurtz hernach in Bectleben beerdiget wurde.

Darüber folgt das Leinwandbildnis. Alexander Haubold ist mit einem Prunkharnisch und darüberliegender Schärpe ausgerüstet. Er hält in der rechten Hand einen Kommandostab. Auf dem Kopf trägt er eine zeitgemäße Lockenperücke. Seine Frau sowie seine 1684 geborene Tochter Magdalena Sybilla erscheinen in festlichen Kleidern. Magdalena Sybilla hält ein Schloss in der Hand, das eine Kette schließt, die sich um die Familie legt. Die Kette symbolisiert in barocker Formensprache den Zusammenhalt der *familia*. Aus dem Hintergrund des Gemäldes tritt ein Putto. Die 32 Ahnenwappen der Marschälle von Bieberstein rahmen das Bild. Weiterhin umschließt ein ganzes Arsenal von Waffen und Kriegsgerät des 17. Jahrhunderts das Gemälde, nämlich Kartaunen, Mörser, Karabiner, Musketen, Schrotbüchsen, Handrohre, Pistolen, Bomben, Granaten, Schwerter, Säbel, Stoßdegen, Hellebarden, Lanzen, Spieße, Speere, Keulen, Streitäxte, Morgensterne, Dolche, Bögen, Pfeile, Köcher, Rüsthauben, Helme, Schilde, Harnische, Spaten, Beile, Äxte, Picken, Pulverfässer, Rohrwischer, Stricke, Quadranten und

Schießtafeln. Ob allerdings Alexander Haubold viel mit diesen Gerätschaften zu tun hatte, bleibt zweifelhaft. Erich Neuß attestiert ihm, als angenommenen Mitschöpfer des Bennstedter Lustgartens, ein *„[...] feines Empfinden für Natur und Landschaft, für standesgemäßes Auftreten im künstlerischen Rahmen und eine starke Lust am Ackerbau.“* (Neuß 1999, Bd. 1, S. 33) Im Dreißigjährigen Krieg und den Belagerungen von Heldrungen, deren letzte 1645 stattfand, wurde ihm keine aktive Rolle zuteil. Er war 1645 erst 13 Jahre alt. Über dem Familienbildnis mit den reichhaltigen Applikationen erschuf der ausführende, unbekannte Künstler einen Himmel mit geflügelten Putten, Trommeln, Pauken und Fahnen. Die damit zum Ausdruck gebrachte Himmlische Erlösung steht im direkten Gegensatz zu den rechts und links neben der Inschrift auf Sockeln platzierten Protagonisten des Todes. Der eine ist ein Skelett *(Abb. 25)*, das drohend die Rechte erhoben hat und mit der Linken das Spruchband *memento mori* hält. Der barocke Mensch beschäftigte sich jederzeit mit dem Tod. Er lebte zwischen der Erwartung des Todes, dem *memento mori*, und dem Nutzen des Tages, *carpe diem* – nutze den Tag und bedenke, dass du sterben wirst. Die Zeit des Lebens ist kurz. Sie verrinnt schnell. Zudem hofft man durch den Tod auf eine Erlösung vom irdischen Jammertal. Diesen Umstand verdeutlicht auch der andere, Kronos, als auf seine Hippe gestützter Sensenmann. Mit seinen Gedanken bei den Toten hält er in der linken herabhängenden Hand eine Sanduhr. Das Epitaph ist ein einmaliges Kunstdenkmal in unserer Region. Es konnte 1997 vom Anobienbefall befreit und restauriert werden.

Weitaus schlichter präsentiert sich das Epitaph von Joachim Wilhelm und seiner Frau Armgard an der Stelle eines zugemauerten Fensters *(Abb. 26)*. Beide wurden in Ovalbildern porträtiert. *(Vgl. Abb. 35)* Die Bildnisse des adeligen Ehepaars bilden die oberste Ebene des Epitaphs. Die mittlere Ebene des Memorialwerkes ist ein Gemälde von der Himmelfahrt des Propheten Elias. Sein Schüler kniet, während der Prophet mit einem Feuerwagen dem Irdischen entrückt. Dieses Motiv war auch in der protestantischen Kirchenausstattung sehr beliebt. Elias galt als Symbol der Standhaftigkeit des Glaubens (*fides*). Zudem hielt man ihn für einen frühen Boten des Messias Jesus Christus, der oft mit Johannes dem Täufer gleichgesetzt wurde. Im jüdischen Glauben genießt er wegen seiner strikten Gottergebenheit hohe Achtung. Das Gemälde umranden die 32 Ahnenwappen der Familie, auf jeder Seite sechzehn.

Gegenüber dem letzteren Epitaph befindet sich die verglaste Patronatsloge von 1682. *(Abb. 27)* Das Bieberstein'sche Wappen erscheint auch hier an der Front. Die Bleiglasfenster konnten durch die Bemühungen der IfHaS und des Fördervereins der Pfarrkirche Bennstedt 2007 erneuert werden. Die polygonale Kanzel *(Abb. 28)*, die zwei Chorlogen mit Rankenaufsatz *(Abb. 21)* sowie die hufeisenförmige Empore datieren ebenfalls in die Zeit der barocken Erneuerung. In den Jahren 1781 und 1971 erfolgten Restaurierungen der ursprünglich mit alt- und neutestamentlichen Bildern verzierten Empore. Die Orgel *(Abb. 29)* von Meister Johann Christoph Zuberbier, gilt als eine der ältesten funktionstüchtigen Orgeln des Saalekreises. Der Orgelbaumeister starb auf dem Weg von Bennstedt nach Halle.

Der Zugang zur Gruft erfolgt über die Nordseite. Eine kleine Treppe führt hinunter zu dem geweihten Raum mit zwei Prunksarkophagen, fünf barocken Sandsteinplatten und sechs Grabplatten der Familie Koch. Das Geschlecht, dessen Wappen ein Bleiglasfenster in der Südwand des Kirchenschiffes ziert, saß von 1810 bis 1945 auf Bennstedt. Der letzte Gutsbesitzer aus dem Hause Koch, Oberst a. D. Moritz Adolf Otto Koch (1875–1945), nahm sich am 14. Oktober 1945 das Leben. *(Abb. 30)* Die Lage der Gräber wird aus dem nebenstehenden Plan ersichtlich. *(Abb. 31)* Eine Besonderheit stellen die beiden Prunksarkophage dar. Sie gehören Christian Marschall von Bieberstein (1662–1721) und seiner Gattin Gertrud Sophie (1674–1745). Christian war der Sohn von Joachim Wilhelm. Der Vater vererbte *„[…] dem späteren Fürstlich-Sachsen-Merseburgischen-Hofmeister, Kammerrat und Hauptmann der Ämter Delitzsch, Bitterfeld und Zörbig […]“* (Neuß 1999, Bd. 1, S. 33 f.) Bennstedt. Christians Sarkophag *(Abb. 32)* trägt neben einer Grabinschrift das Wappen der Marschälle von Bieberstein. Dieses ist deutlich am Garnnetz zu erkennen. Der Sarkophag seiner Gattin besitzt ebenfalls eine Inschrift, aber ein anderes Wappen. Das Wappen derer von Münchhausen mit einem Mönch auf dem Wappenschild wurde am Sarkophag angebracht. *(Abb. 33)* Der Mönch erhielt über der Helmzier des Familienwappens noch einmal eine plastische Ausarbeitung. Er hält in der rechten Hand einen Stab und in der linken Hand einen Beutel. Am Gürtel hängt ein Kreuz. *(Abb. 34)*

In der Südwestecke der Gruft fällt ein zugemauertes Abteil auf. In ihm lagern, nach der Bennstedter Schulchronik, seit dem Jahr 1902 weitere 18 Särge der Marschälle von Bieberstein. Es bestehen Zweifel, wo die Vorgängergruft angelegt wurde, jene in der die adeligen Herrschaften ihre Verstorbenen vor dem Brand von 1681 bestatteten. Gerlinde Schlenker stellt dazu eine berechtigte Frage: *„Doch wo befand sie sich? Vielleicht an gleicher Stelle, wie Pfarrer Helmut Keitel meinte, oder können wir der Argumentation von Lehrer Hellmut Golde folgen, der die erste Begräbnisgruft in das Turmerdgeschoß verlegte – dorthin, wo noch heute eine stark verwitterte Grabinschrift im Fußboden auf die letzte Ruhestätte eines Biebersteinschen Kindes hinweist, welches vor 1681 verstarb?"* (Schlenker, Voigt 2007, S. 21)

**Der einzige Überlebende –
Das Wappen derer von Münchhausen**

Die Familie von Münchhausen führt sich zurück auf einen Ritter Heino. Dieser soll im 12. Jahrhundert an dem erfolglosen Kreuzzug 1189/90 unter Friedrich Barbarossa teilgenommen haben. Barbarossa fand bei diesem Zug den Tod im Fluss Saleph in Anatolien. Die Nachkommen des Ritters Heino waren zerstritten. Nur ein Familienmitglied überlebte durch den Eintritt in ein Kloster die blutigen Konflikte. Er wurde jedoch wieder von seinem Gelübde entbunden und zeugte Nachkommen, die von nun an den Mönch im Wappen trugen – Münchhausen bedeutet dementsprechend eigentlich Mönchshaus.

Die Ära der Marschälle von Bieberstein auf Bennstedt endete 1737. Wilhelm Busso, der den Rang eines Fürstlich-Braunschweigischen Obristen besaß und der Sohn von Christian und Gertrud Sophie war, verkaufte am 3. Oktober 1737 das Gut Bennstedt sowie Neu-Vitzenburg mit allen angegliederten Besitzungen. Der Käufer war König Friedrich Wilhelm I. von Preußen. Alle mobilen Kunstwerke aus dem Lustgarten, wie die Skulpturen, nahm Wilhelm Busso mit.

Der Architekt der Kirche – Joachim Wilhelm Marschall von Bieberstein

Joachim Wilhelm wurde am 12. Januar 1627 in Ebersbach geboren. Zusammen mit seinem Bruder Georg Hiob erhielt er seit 1637 in Döbeln vom Oberpfarrer, dem Magister Schütze, Privatunterricht. Die Eltern legten auch Wert auf den Besuch der öffentlichen Schule in Döbeln. Die beiden Brüder besuchten danach die Fürstenschule in Meißen. Im Jahr 1643 folgte die Immatrikulation in Wittenberg. Joachim Wilhelm belegte Philosophie, Geschichte und Jura. Der kurfürstlich-sächsische Hof-, Justitien- und Appellationsrat Herr von Pistorius nahm Joachim Wilhelm 1646 zum Studium der Staatswissenschaften mit nach Münster und Osnabrück zu Friedensgesprächen im Rahmen des Dreißigjährigen Krieges. Dort ereilte ihn ein schweres Unglück: *„So viel Ihm aber Münster nützliches und curieuses wegen der hohen Zusammenkunfft der Vornehmsten Teutscher Welt dahin abgeschickten Gesandten/zeigete/so unglücklich war Ihm der Ort vor seine selbst eigene Person/indem Er als nöthige Verrichtungen Ihn den 4. Decembris des Abends noch auszugehen befohlen/Er auff freyer Strasse überfallen/und durch den gantzen Leib und Lunge durch und durch gestochen wurde/worauff Er gantz verblutet/und vor todt in sein Quartier gebracht/nebst unsäglichen Schmerzen offtermahls Todes-Gefahr vor sich gesehen.*“ (Leichenpredigt Joachim Wilhelm, Halle 1691, S. 57)

Die Verletzungen brachten zeit seines Lebens schwere Folgeschäden mit sich. Nach einem Jahr der Ruhe nahm ihn 1649 der sächsische Kurfürst Johann Georg I. in seine Dienste. Joachim Wilhelm verließ schon ein Jahr später Dresden. Herzog Christian von Sachsen stellte ihn als Kammerjunker ein. Der Herzog erhob ihn aufgrund seiner Leistungen 1657 zum Hof- und Justitienrat. Joachim Wilhelm fungierte oftmals als Gesandter des Herzogs auf Landtagen. Der Herzog war sehr zufrieden mit seinem Hofrat: *„Bey welchen hohen Commissionen/Er/Seines gnädigsten Herrns Hoch-Fürstl. Durchl. Hertzoglichen Respect, und hohes Interesse jedesmahl wohl in acht zu nehmen gewust/und darbey auffrichtige Proben eines getreuen Dieners erwiesen.“* (Leichenpredigt Joachim Wilhelm, Halle 1691, S. 59)

Am 31. August 1658 heiratete er Armgard Hahn aus dem Haus Seeburg. *(Abb. 35)* Ihr Sohn Christian erblickte 1662 das Licht der Welt.

Ein weiterer Karrieresprung gelang Joachim Wilhelm 1663 in Leipzig. Ihm wurde das Amt des kurfürstlich-sächsischen Obersteuereinnehmers übertragen. Wenige Zeit später stand er als Hofmeister in den Diensten der Herzogin Christiana von Sachsen, Jülich, Kleve und Berg.

Im Jahr 1684 verschied seine Gattin. Joachim Wilhelms Leichenpredigt betonte diesen für ihn wohl schweren Verlust, da auch die Eltern und einige Brüder schon verstorben waren: *„Es war auch dieses Unglück/ob Er solches gleich vor das härteste hielte/nicht alleine/sondern mit theils vorhergehenden/theils noch vielmehr folgenden vergesellschaftet/gestalt denn das betrübte Absterben seiner hochgeliebten Eltern und das meiste Theil seiner hertzlich werthgehaltenen Herrn Brüder und vornehmen Freundschafft/über dieses auch vielfältiges Unglück/an Brand-Wetter und andern Schäden/Ihm nicht* *geringen Kummer und hertznahgehendes Betrübnis verursachet/[...]"* (Leichenpredigt Joachim Wilhelm, Halle 1691, S. 61)

Am 2. Juni 1685 in Merseburg heiratete Joachim Wilhelm ein weiteres Mal. Seine Gemahlin war die Kammerjungfer Katharina Elisabeth von Kardorff.

Joachim Wilhelm litt zunehmend unter schweren Krankheiten. Teilweise handelte es sich um Folgeerscheinungen seiner schweren Verletzung aus Münster. Die ohnehin schwache Konstitution des Marschalls verschlechterte sich immer stärker. Er verstarb am 5. März 1691.

Die Worte zu seinem Tod in der Leichenpredigt verfasste der Pfarrer von Bennstedt, Kölme und Köchstedt Gottfried Nicolao Harrwig. Er pries Joachim Wilhelm Marschall von Bieberstein mit den Worten: *„So hat nun demnach unser im Herrn seelig verstorbener Herr Hoff-Meister als ein Gerechter gelebet/als ein Gerechter ist Er gestorben/und hat nun eines Gerechten Lohn empfangen/Er lebt als ein Christlich-Gerechter Hoff-Mann ewiglich/und der Herr ist sein Lohn."* (Leichenpredigt Joachim Wilhelm, Halle 1691, S. 66)

Armgard, die erste Ehefrau Joachim Wilhelms, überlebte in jungen Jahren ebenfalls einen Überfall. Kurz nach dem Tod des Vaters Werner Hahn am 10. März 1634 wurde Schloss Seeburg überfallen und völlig ausgeraubt. Die Familie ging daraufhin nach Wolfsburg und Braunschweig. Armgard verbrachte ihre Jugend mit dem Erlernen der adligen Tugenden: *„Ihr noch junges Leben brachte Sie mit nichts anders zu/als eiffriger Bemühung aller einer Adel. Damen wohlanstehenden Tugenden zuerlernen/und die Gelernte hernach* *auszuüben.*" (Leichenpredigt, Armgard Marschallin von Bieberstein, 1684, S. 31)

Der Leichenpredigt zufolge war auch der gesundheitliche Zustand von Armgard oftmals kritisch. Aufgrunddessen habe sie ein übermäßiges Mitgefühl gegenüber ihren Nächsten gehabt. Gerade in Bennstedt half sie Bedürftigen „*[...] nicht nur vor Ihr Hauß-Gesinde und Unterthanen/sondern auch vor andere/die es bedürftig gewesen/so wohl hier/als auch auf ihrem Guthe zu Bennstätt iederzeit gleichsam eine freye und offene Apotheke/mit nicht geringen Kosten gehalten/und allenthalben reichlich davon ausgetheilet.*" (Leichenpredigt, Armgard Marschallin von Bieberstein, 1684, S. 33)

Armgard kümmerte sich kurz vor ihrem Tod noch um ihre kranke Schwester Helena auf Groß-Dölzig. Die Schwester starb am 20. August 1684. Armgard folgte ihr einen Tag später.

Teutschenthal

Das Tal der vielen Herrschaften

Das Gebiet des heutigen Teutschenthal war für Besiedlung prädestiniert. Ein Bach, die *Würde*, prägte die Landschaft. Das kleine, einst fischreiche Gewässer fällt im Gelände ab, so dass die Voraussetzungen für die Anlage von Mühlen und Teichen bestanden. Überhaupt bot das Tal und die Umgebung besonders gute Siedlungsmöglichkeiten. Erich Neuß fasste diese wie folgt zusammen: *„Der Bach selbst war wasser- und fischreich, an seinem Ufer wuchsen die nützlichen Weiden, nahe Holzungen – Reste davon erblicken wir noch im eingehegten Busch des Hauses Würdenburg – lieferten Bau- und Brennstoffe, die Hänge waren nicht zu steil, um die Errichtung von Gehöften möglich zu machen, der Talboden breit genug, einen Weg hindurchzuführen.“* (Neuß 1999, Bd. 1, S. 69) Aufgrunddessen ist es nicht verwunderlich, dass mehrere Ortschaften an den Ufern des Baches entstanden. Teutschenthal entwickelte sich aus sechs Dörfern. Sie trugen die Namen Codsdorf, Posdorf, Ösnitz, Ibitz, Würden und Deussen. Die Wüstung Kusdorf gehört auch noch in diesen Zusammenhang. Von einer der genannten Siedlungen leitet sich der Name Teutschenthal her, denn die heutige Bezeichnung des Ortes hat nichts mit dem Adjektiv *teutsch* zu tun. Im ersten Jahrtausend nach Christus siedelten unterschiedliche Völkerschaften im Tal. Im 7. Jahrhundert existierte eine Vielzahl von slawischen Siedlungen westlich der Saale, unter anderem auch im Tal der Würde. Einer dieser Orte war *Dusne*. Später lautete sein Name *Dussina*. Der Ort fand, wie Bennstedt, im Hersfelder Zehntverzeichnis Erwähnung. Mit der Zeit wurde der Name zu *Deussen* verändert. Das Tal wurde als *Deussental* bekannt. Erst daraus entwickelte sich im Sprachgebrauch *Teutschenthal*. Die Geschichte der ehemals selbständigen Dörfer unter verschiedenen geistlichen und weltlichen Herrschaften an den Ufern des Baches legte den Grundstein für eine einzigartige territoriale Zerrissenheit im *Deussental*. Ansprüche in den Ortschaften besaßen u. a. das Erzstift Magdeburg, die Stifte Halberstadt sowie Merseburg, die Klöster Hersfeld, Kaltenborn, Holzzelle, Neuwerk, die Herren von Querfurt, von Schraplau, von Hakeborn und die Herren von Trotha.

Der Irrtum des Kaisers

Die Annahme Teutschenthal mit *teutsch* in Verbindung zu bringen, verwirft schon Albert Schröder 1929:
„Wer nun zum ersten Mal den Namen Teutschenthal hört, wird versucht sein, ihn mit dem Worte ‚deutsch' – teutsch – in Verbindung zu bringen. Er würde damit nur nachsprechen, was Kaiser Karl V. im Schmalkaldischen Kriege, als er auf den Höhen von Höhnstedt mit seinem Heere lag, im Blick auf das Tal, in dem die Deutschen – Protestantischen – sich gesammelt hatten, gesagt haben soll: ‚das ist das Deutsche Tal', und – wird sich irren. Denn der Name hat mit ‚Teutsch' nicht das geringste zu tun." (Schröder 1993, Nachdruck der Originalausgabe von 1929, Halle 1993, S. 7)

Um das Jahr 1120 hatte das Kloster Kaltenborn beschlossen in Deussen (Oberteutschenthal/St. Laurentius) und in Osnitz (Unterteutschenthal/St. Vitus) je eine Kirche zu errichten. Bischof Otto von Halberstadt weihte die Kirchen 1129. Der Bischof sorgte gleich für einen Eklat. Er nahm für diesen Dienst, entgegen den Bestimmungen des Wormser Konkordates von 1122, 1 ½ Pfund Silber entgegen. Seine Strafe bestand darin, dass er seine Machtinsignien, den Bischofsstab sowie den Bischofsring, abgeben musste. Er blieb aber trotzdem in Amt und Würden. Erzbischof Wichmann veränderte 1180 einige Rechtsverhältnisse. Aus dieser Maßnahme sollten den Taldörfern in den nächsten Jahrhunderten große Probleme erwachsen. Wichmann trennte die Patronatsrechte von den Grundrechten. Während die Propstei Seeburg das Patronat über die Kirchen erhielt, verweilten die Grundbesitzrechte weiter beim Kloster Kaltenborn. Und nun kommt es alsbald zu großer Verwirrung. Im Jahr 1152 erfolgte die Vereinigung der Propstei Seeburg mit dem Kollegiatstift Magdeburg-Neustadt. Die Dokumente belegen, dass die Patronatsrechte über die Kirche St. Laurentius an Magdeburg gingen. Damit aber nicht genug, denn 1365 verkauft das Kloster Kaltenborn alle seine Rechte und Besitzungen in *Deussen* an das Hochstift Merseburg, das später unter kursächsischer Herrschaft stand. Die Kirche St. Vitus in Osnitz fiel dagegen mit dem Kloster Kaltenborn an das Bistum Halberstadt. Beide lagen später im kurbrandenburgischen bzw. seit 1701 im königlich-preußischen Herrschaftsgebiet. In späterer Zeit teilte eine Grenze Teutschenthal.

Mit diesen schwierigen Herrschaftsverhältnissen waren die von Trothas in ihrer Funktion als Amtmänner der Grafen von Mansfeld im 15. Jahrhundert konfrontiert.

Das Durcheinander von Ansprüchen und Kompetenzen in Teutschenthal endete erst mit den Maßnahmen Napoleons. Bonaparte, der nach der preußischen Niederlage bei Jena am 14.10.1806 durch den Ort zog, gliederte ihn in das *Kanton Fienstedt* im *Saale Departement* ein. Nach dem Wiener Kongress gehörte Teutschenthal zur *Preußischen Provinz Sachsen.*

Die Würdenburg als Residenz der von Trothas

Der aktuelle bauliche Zustand des Gebäudes ist katastrophal. Durch die Fenster sind die eingestürzten Decken zu erkennen. Vor langer Zeit war es ein repräsentativer Adelssitz mit angegliederten Wirtschaftshöfen. *(Abb. 36)*

Der Name *Würdenburg* leitet sich vom Namen der alten Siedlung *Würden* ab. Auf deren Flur befindet sich der Bau. In Urkunden, so in einer aus dem Jahr 1208, heißt die Siedlung Würdheim, *Wordhem. Würden* lag gegenüber von *Osnitz* mit der Kirche St. Vitus am anderen Ufer des Baches *Würde.*

Es ist davon auszugehen, dass die Grafen von Seeburg hier einen Freihof zur Verwaltung errichteten. Als die von Trothas begannen im Tal Besitz und Einkünfte zu erwerben, errichteten sie eine Residenz, die sie zu ihrem administrativem Zentrum in Teutschenthal ausbauten. Friedrich von Trotha (1550–1615) erbte von seinem Vater Andreas (1497–ca. 1563) die Besitzungen in Teutschenthal. Andreas war ein Bruder des schon erwähnten Hans von Trotha, dem Stammvater der Bennstedter Linie. Andreas von Trotha residierte ebenfalls auf Teutschenthal. Er nutzte neben einigen neueren Gebäuden höchstwahrscheinlich noch die Bauten des alten Freihofes der Seeburger Grafen. Nach dem Tod des Andreas fallen die Besitzungen an die vier erbberechtigten Söhne. Jedoch starben Andreas der Jüngere, Thilo und Sebastian noch vor 1568. Damit wurde Friedrich der alleinige Erbe.

Die erste Erwähnung der Würdenburg

Graf Heinrich von Mansfeld stellte am 10. Mai 1594 eine Lehnsurkunde für Friedrich von Trotha aus. Adolf von Trotha fasst dieses Lehen zusammen: *„[...] das Deutschethall mit Dörffern, Dorffstätten, Engern, Wüstungen, Teichen, Wassern und Gerichten über Hals und Hand in Feldern, Örtern und Engern, der neuerbaute Rittersitz die Würtemburgk mit sämtlichen Gärten, Weinbergen und 23 Hufen [...]".* (Von Trotha 1940, S. 17 f.) Die Erwähnung der neuerbauten Würdenburg lässt den Schluss zu, wie auch Adolf von Trotha annahm, dass Friedrich die Neuerrichtung des Rittersitzes schon vor 1594 abgeschlossen hatte.

Er veränderte maßgeblich die architektonische Struktur des Besitzes. Friedrich ließ die alten Höfe und den Rittersitz seines Vaters abreißen und errichtete das *Haus Würden* neu. Zudem fiel den Neuerungen die Nikolauskapelle mit dem angegliederten Pfarrhaus in *Würden* zum Opfer. Die finanziellen Aufwendungen waren natürlich enorm. Dennoch galt Friedrich für seine Zeit als zutiefst sparsamer und wirtschaftlich vorausschauender Mensch. Er übernahm Besitz von anderen Familienzweigen, die sich wirtschaftlich zugrunde gerichtet hatten. Das Ziel bestand darin, das Eigentum für die Familie zu retten. Friedrich erhielt im Jahr 1598 Schkopau, später auch noch Gänsefurth sowie Hecklingen. Letztere gehörten bis dahin einem seiner Vettern, Franz, mit dem bezeichnendem Beinamen *der Verschwender*.

Das Testament des Friedrich von Trotha

Adolf von Trotha zitiert einige Passagen aus dem in seiner Wortwahl einzigartigen Zeitdokument: *„Aus … Erfahrungen offenbar, wie viel fürnehme Geschlechter durch innerliche Spaltungen und Zwendracht, sowohl auch durch Bürgschaften und wegen großer Hoffahrt, welche Gott und der Menschen Feind sein mit übermäßigen Unkosten, so auf Kleidung und viel Gesinde und Pferde gewendet, sich selbst zu Grunde richten, verderben und zu äußerlichen Abnehmen kommen, so kann ich demnach vor eben meine lieben Söhne aus väterlicher Vorsorge eine dreiherzige väterliche Warnung und Ordnung, so ich aus Gottes Wort und dergleichen Erfahrungen erlanget, vorschreiben, […].“* Es folgen Ermahnungen an die Söhne zur Einigkeit, Frieden und einem Leben nach Gottes Wort. Aus Friedrichs Sprache lässt sich seine lutherische Frömmigkeit erkennen, immer weist er auf Gottes Wort hin – *sola scriptura*. Friedrich war Lutheraner und als solcher begann in Hecklingen, wo er das Patronatsrrecht innehatte, ein Kampf mit den calvinistischen Fürsten von Anhalt-Dessau. Der Konflikt auf Hecklingen sollte bis in die Neuzeit dauern. In seinem Testament gab Friedrich seinen Erben auch direkte Anweisungen für die Hausverwaltung: *„Die [s] Haus* [die neue Würdenburg – F. B.] *sollen meine Söhne, auf`s Schlechteste (Schlichteste) es immer möglich, einziehen und bestellen, sich mit vielen reißige und übrige Pferde und unnützen Gesinde und überflüssiger Kleidung nicht überladen, sondern einer mehr nicht denn zwei Pferde und einen Diener halten, auf denselbigen an Lohne und Kleidung, wie auch auf sich selbst mehr nicht als in Allen 200 Gulden jährlich aufwenden, auch sich vor keinen Freund viel weniger Fremden höher nicht denn auf 200 Gulden in Bürgschaft einlassen …“* (Von Trotha 1940, S. 13)

Diese schlechten Erfahrungen verarbeitete Friedrich von Trotha in seinem Testament von 1612. Es stellt eine Mahnung an seine Nachkommen, vor allem an seine Söhne, dar, nicht über ihre Verhältnisse zu leben.

Aus dem Testament geht hervor, dass Friedrich seinen Söhnen auftrug, ein Epitaph für ihn anzufertigen, um es der Ausstattung der Kirche St. Vitus oder der Kirche in Schkopau hinzuzufügen. Erst im 1630 war das Epitaph fertig. Sein Platz hatte es in der Kirche

St. Vitus gefunden. Leider wurde es während des Dreißigjährigen Krieges oder in den Wirren kurz danach vernichtet. Adolf von Trotha gelang es, eine Skizze im Archiv von Hecklingen einzusehen, die den Aufbau des Epitaphgemäldes wiedergab: „*Dieselbe zeigt ihn in Ritterrüstung, jedoch barhäuptig. Er erscheint als großer, schlanker Mann mit noch vollem Haar, einem starken Schnurr- und einem nicht besonders großen Spitzbart. Die ganze Figur und auch der Blick ist ein wenig seitwärts gestellt, die Rechte ist in die Seite gestämmt, während die Linke am Griff des Degens ruht. Rechts und links der Figur sind je acht Ahnenwappen angebracht, doch nur in den allgemeinen Umrissen, ohne Helm- und Schildfigur zu zeigen.*“ (Von Trotha 1940, S. 42)

Am 13. März 1615 starb Friedrich von Trotha in Schkopau. Er folgte seiner Gemahlin Anna von Breitenbauch, die zwei Tage zuvor, am 11. März gestorben war. Friedrichs Hoffnung auf ein weiteres Gedeihen der Familie zerstörte zunächst der Dreißigjährige Krieg mit seinen Verwüstungen, Seuchen und Massakern. Im weiteren Verlauf der Geschichte sollten bis auf eine Ausnahme alle Zweige der Familie von Trotha aussterben. Die heutigen Mitglieder der Familie gehen alle auf Friedrich von Trotha zurück.

Eine interessante Episode über die Würdenburg liefert Albert Schröder. Im Jahr 1641 bezogen kaiserliche Truppen in und um Teutschenthal das Winterquartier. Das ganze Tal war schon 1640 verwüstet und ausgeraubt worden. Das Schreckenszenario wiederholte sich nunmehr. Die Bewohner flohen. Nur die Pfarrersfamilie fand Aufnahme bei dem in der *Würdenburg* einquartierten Reiteroberst von Spiegel. Er beschenkte den Pfarrer und befahl seinen Soldaten die Plünderungen einzustellen. Der Befehl kam aber zu spät, denn von den ca. 200 Häusern Teutschenthals gingen alle bis auf die steinernen Gebäude in Flammen auf. Die *Würdenburg* sowie die beiden Kirchen überstanden die Katastrophe, wobei St. Vitus schwere Beschädigungen aufwies.

Die Würdenburg des Friedrich von Trotha ist nicht mehr erhalten. Das Gebäude, das sich an Formen der Spätrenaissance orientierte, verwirklichte Franz Casimir von Trotha (1679–1711). Er war ein Urenkel von Friedrich. Die Renaissanceformen zeigten sich besonders am Wendelsteins. Dieser Treppenturm wurde nach dem Zweiten Weltkrieg abgebrochen. Das steinsichtige Mauerwerk in der Kreuzung der Gebäudeflügel lässt noch Spuren dieses Eingriffes erkennen. Das Portal bewahrte am Tympanon das eindrucksvoll plastisch herausgearbeitete Wappen der Familie von Trotha. *(Abb. 37)* Trotz der fortgeschrittenen Zerstörung ist deutlich der Rabe mit dem Ring im Schnabel zu erkennen. Um das Wappenschild sind florale Ornamente symmetrisch angeordnet. Zwei Helmzieren befinden sich über dem Wappenschild. Ein weiteres Familienwappen derer von Trotha kann an einem Wirtschaftsgebäude an der Einfahrt zum Hof betrachtet werden.

In der neuen Würdenburg residierten die von Trothas nur kurz. Nach dem Tod Franz Casimirs verpachteten dessen Söhne den Sitz an einen Herrn Mitius. Im Jahr 1832 endete die Geschichte der Familie von Trotha in Teutschenthal. Das *Haus Würdenburg* mit den angegliederten Besitzungen sowie die Grube *Louise* wurden an den Oberamtmann Friedrich Bartels vom

Amt Seeburg verkauft. Er vererbte es seinem Sohn, der 1848 starb. Das Haus blieb einige Jahre Eigentum eines Herrn Schmidt. Um 1870 gelangte es in den Besitz von Amtsrat Leopold August Julius Zimmermann, dem Verwalter der Boltzeschen Unternehmungen. Der letzte männliche Vertreter der Familie von Zimmermann starb 1915. Die Familie Zimmermann wurde erst 1900 nobilitiert.

Infolge des frühen Todes des Bruders 1915 fiel der Besitz an Ella von Zimmermann. Sie hatte 1906 Carl Wentzel geheiratet. Somit ging der einst trothische Besitz im umfangreichen Eigentum von Carl Wentzel auf. Er unterzog das Gebäude 1920 einem letzten Umbau. Ein Portal auf der Rückseite und die gelbe Farbe zeugen noch davon. An den Herrensitz wurden weitere Gebäude angegliedert, die heute noch bewohnt sind. Sie erstrahlen wieder in gelber Farbe. Der Rest des Wirtschaftshofes wurde stillgelegt. Er dient teilweise noch als Lager.

Das *Haus Würdenburg* konnte nach der Wende wieder von der Familie Wentzel erworben werden. Allerdings scheint der finanzielle Aufwand eine Restaurierung unmöglich zu machen, wofür der marode Zustand der *Würdenburg* spricht. Doch selbst in diesem Zustand entbehrt das Gebäude nicht seiner Wirkung. Bei sonnigem Wetter verbreitet das Gemäuer eine Art morbiden Charme, der an manche alte Gemäuer in der Toskana erinnert.

Die Kirche St. Vitus ist nicht weit von der *Würdenburg* entfernt. Hier bietet sich noch einmal die Möglichkeit etwas über die Patrone der Kirche, die von Trothas zu erfahren.

Die Kirche St. Vitus in Unterteutschenthal

Die Kirche wurde im Jahr 1129 durch das Kloster Kaltenborn errichtet. Hallesche Bürger besuchten hier zur Zeit der Reformation den lutherischen Gottesdienst, wie auch in Bennstedt (siehe S. 62).

Das heutige Erscheinungsbild geht zu einem großen Teil auf einen grundlegenden Umbau von 1740 zurück. Der Bauherr war Thilo Leberecht von Trotha auf Hecklingen (1675–1755). Er ließ das Schiff auf einem vergrößerten Grundriss erhöhen und ein Tonnengewölbe einfügen. Thilo Leberecht war des Weiteren der Auftraggeber des Nordanbaus. Die Kirche St. Vitus *(Abb. 38)* gehört zum Typ der einschiffigen Saalkirchen mit einem Westturm. Letzterer besitzt Spitzbogenfenster mit einfachem Maßwerk. *(Abb. 39)* Aufgrund dessen scheint der Turm bis zum Glockengestühl in die Spätgotik zu datieren. Albert Schröder bestätigt dies indirekt, denn er formuliert, dass bei den großen Baumaßnahmen von 1740 der Turm vernachlässigt wurde: *„Der Kirchturm war am schlechtesten bei dem Neubau weggekommen. Er erhielt bei dieser Gelegenheit sein wenig schönes Gewand aus Mörtelputz und den Turmhelm."* (Schröder 1993, S. 40) Eine Karte aus den 20er oder 30er Jahren des 20. Jahrhunderts *(Abb. 40)* zeigt den verputzten Turm. Heute ist er wieder steinsichtig. Das Zitat Schröders belegt, dass der Turm bis auf den Turmhelm zur letzten Bauphase vor dem Dreißigjährigen Krieg datiert, denn während des großen europäischen Konfliktes gab es keinen Umbau. Das Schiff der Südseite strukturieren typisch barocke langbahnige Fenster. Ebenfalls auf den Umbau geht der von außen deutlich sichtbare Nordanbau zurück. Er involviert die Sakristei, die Patronatsloge und den Aufgang zum Herrschaftstuhl. *(Abb. 41)* Thilo Leberecht von Trotha auf Hecklingen, der zwar die *Würdenburg* seit etwa 1725 besaß, aber sich dort nur selten aufhielt, sorgte an dem nördlichen Anbau für einen separaten Eingang zur Patronatsloge. Er verewigte sich am Portal unter den Wappendarstellungen derer von Trotha und Pfuhl durch die Anfangsbuchstaben seines Namens und die seiner Frau – Thilo Leberecht von Trotha und Amalie Gottliebe geborene von Pfuhl. *(Abb. 42)* Thilo Leberecht, der unter anderem seit 1693 im Stab des Markgrafen Carl Philipp zu Brandenburg diente und 1697/98 am Feldzug Kursachsens gegen Polen teilnahm, war nach Erich Neuß eine eindrucksvolle Erscheinung: *„Thilo Leberecht ist in der Geschichte der Trothas unter der Bezeichnung des ‚Unterdirektors' – nämlich der Landschaft des Fürstentums Anhalt eingegangen; eine wahre Prachtgestalt von einem Ritter und Edelmann, ein Hausvater und Stammeshaupt von allen trefflichen Tugenden, ein frommer Mensch und gläubiger Christ, hochgebildet, in allen Künsten des Leibes und des Geistes wohl erfahren, ein tapferer und vorbildlicher Soldat."* (Neuß 1999, Bd. 1, S. 76) Seine militärische Ausbildung absolvierte er am Berliner Kadettenkorps unter der Leitung von Major Wolf Christoph von Hakeborn, dem Bruder seiner Mutter.

Der Haupteingang in die Kirche befindet sich ein paar Meter westlich vom Portal des Nordanbaus. *(Abb. 43)* Es weist auch auf seinen Erbauer Wolf Thilo von Trotha (1620–1683) hin. Die Inschrift des Architraves lautet *16 W.T.V.T.A.V.T.G.V.HB. 75* – Wolf Thilo von Trotha. Anna von Trotha geborene von Hakeborn. *(Abb. 44)* Anna war die Mutter von Thilo Leberecht.

Ansonsten ist das Portal schlicht gehalten. Zwei Säulen mit korinthischen Kapitellen auf vorgesetzten Konsolen mit beschädigten Reliefdarstellungen wurden dem Portalbogen vorgelagert. Der Torbogen besitzt einen dekorierten Schlussstein. Geflügelte Puttenköpfe wurden in den Zwickeln en face platziert. Die kunstvoll eingerahmten Wappen derer von Trotha und Hakeborn thronen mittig über der Architravzone. Das Portal dient als Memorialdenkmal an den Patron der Kirche. Er beseitigte die größten Schäden des Dreißigjährigen Krieges nicht nur an der Kirche, sondern auch in Teutschenthal. Zudem half er den Einwohnern Teutschenthals bei dem Kauf von Materialien, stellte sie ihnen teilweise sogar unentgeltlich. Wolf Thilo baute die Schulen in Unter- und Oberteutschenthal wieder auf und sorgte somit für eine fortlaufende Besiedlung des Tales. Ihm gelang es, die Lage der Familie wieder zu stabilisieren. Sein Vater Wolf Friedrich (1593–1637) hatte alle Ratschläge aus dem Testament seines Vaters Friedrich von Trotha missachtet. Noch während des Dreißigjährigen Krieges hielt er üppige Feste ab, ließ teure Bauvorhaben in Hecklingen und Gänsefurth durchführen und sparte nicht an Luxusgütern. Wolf Thilo ergriff Maßnahmen wie einst sein Großvater Friedrich. Er konzentrierte den Familienbesitz und er verstand sich auf die Schuldentilgung. Seine Ehe mit Anna von Hakeborn sorgte *„[...] mit sieben Söhnen und sieben Töchtern, 53 Enkeln und 40 Urenkeln zu Lebzeiten der Mutter für den Fortbestand des Geschlechts.“* (Schwarze-Neuß 2007, S. 430) Adolf von Trotha bewertete seinen Vorfahren folgendermaßen: *„Er zählt zweifellos zu den bedeutendsten Persönlichkeiten unserer Familie, die ihm zu größten Danke verpflichtet ist. Er ist ja auch der ein-*

zigste, der, von den Wenigen, die den verheerenden großen Krieg überlebten, die Familie fortpflanzte. Vor allem hat er aber mit größter Mühe und unter härtesten Entbehrungen fast den gesamten Besitz, der Anfang des 17. Jahrhunderts in den Händen unserer Familie war, durchgekämpft und erhalten." (Von Trotha 1940, S. 215)

Flucht und Zerstörung

Adolf von Trotha zitierte Wolf Thilo aus dessen späteren Berichten über die Zustände während des Krieges:

„ … es ist solches (d. h. was die Brüder mühsam wieder errichtet hatten) nicht allein in Anno 1640 durch der Piccolomini Feldzug, besonders auch folgenden Jahres durch den ertzhertzöglichen Rückmarsch fast gänzlich wieder aufgezehrt worden … , und als wir darauf durch die Translation des Krieges nach Schlesien, Mähren u. anderen abgelegenen Ländern das Unglück weit von uns zu sein erachtet, auch durch schwere Anleihen die Ritter Güter Gänsefurth und Hecklingen umb ein ziemliches wiederumb erhoben und angebauet, dasselbe doch erst Anno 1644 noch schärfer bei uns eingeschlagen, indem durch das Hallesche Feldlager wir an alle moventica u. mobilica dermaßen ruinirt worden, dass auch nicht ein Bund stro bey uns übrig verblieben, also wir daher … unsere Haushaltung wiederumb anfangen müssen …" (Von Trotha 1940, S. 231)

Wolf Thilo und sein Bruder Friedrich Christoph, der 1651 verstorben ist, erbten 1637 Hecklingen, das 1635 von den Schweden völlig ausgeplündert worden war. Die Brüder und ihr Vater entkamen nur knapp Schlimmeren. Sie flohen nach Staßfurt. Wolf Thilo konnte 1672 von seinem insolventen Vetter Friedrich Gänsefurth übernehmen. Die Würdenburg und Bennstedt fielen ihm 1656/57 zu.

Wolf Thilo veräußerte Bennstedt 1657 an Joachim Wilhelm Marschall von Bieberstein.

Das Innere der Kirche St. Vitus in Unterteutschenthal vermittelt durch die doppelten Emporen, den hohen

Kanzelaltar und das Tonnengewölbe ein imposantes Raumgefühl. *(Abb. 47)*

Der ganze Raum ist ein Ergebnis der baulichen Veränderungen von 1740. Die Erhöhung der Decke durch ein Tonnengewölbe schuf die Voraussetzung für den Einbau von doppelten Emporen und eines hohen Kanzelaltars. Die Orgel geht auf das Jahr 1698 zurück. Meister Peter Herold aus Apolda schuf sie. *(Abb. 46)*

Der hohe Kanzelaltar besticht durch seine schlichten aber eindrucksvollen Proportionen. Das Gewölbe berücksichtigt die Höhe des Altars. Die Kanzel ist zwischen zwei Säulen, die mit einem darüber gelagerten Bogen eine Arkade bilden, eingebettet. Über dem Arkadenbogen tritt Jesus Christus als Himmelsherrscher mit erhobener rechter Hand dem Betrachter entgegen. An beiden Seiten des Kanzelalters befinden sich Applikationen, die auf das himmlische Reich hinweisen. Eine Besonderheit des Altarensembles fiel einem kriminellen Akt zum Opfer. Über den symmetrisch angelegten Türen zum Kanzelaufgang befanden sich zwei kunstvolle Holzfiguren: Moses mit einer Tafel, auf der die zehn Gebote stehen und Jesus mit einem Kreuz in der rechten Hand. 1996 drangen Diebe in die Kirche ein und stahlen die beiden Figuren. Eine Postkarte aus den 20er oder 30er Jahren des 20. Jahrhunderts zeigt den ursprünglichen Zustand des Kanzelaltars. *(Abb. 45)* Deutlich sind auch die dem Altar vorgelagerten Chorlogen zu erkennen. Ebenso befand sich die Gedenktafel an die Gefallenen des Ersten Weltkrieges noch an der Nordwand. Sie hat einen neuen Platz im Aufgangsbereich zur Patronatsloge gefunden. *(Abb. 48)* Vor dem Kanzelaltar steht der steinerne Taufstein. Er stammt aus der zweiten Hälfte des 15. Jahrhunderts. Im Zuge des Umbaus von 1740 wurde der Taufstein aus der Kirche entfernt. *(Abb. 49)* Als Denkmal der Renaissance wurde er in Halle der Öffentlichkeit präsentiert. Während des Ersten Weltkrieges erfuhr er eine neue Nutzung in der Garnisonskirche auf der Moritzburg. Der Taufstein kehrte erst 1922 nach St. Vitus zurück. Geflügelte Puttenköpfe sowie Früchte bilden in getrennten Registern den oberen Teil des kunstvollen Steines. Im mittleren Teil, der nach unten hin in die breitere Standebene ausläuft, wurde Blattwerk ausgeführt. Es geht im unteren Teil in dämonisch wirkende Köpfe über. Ihre Gesichter formen sich aus floralen Elementen. Sie sollen auf dem Taufstein apotropäische Wirkung entfalten, d. h. Übel abwehren. Die Putten und die paradiesischen Früchte haben deutlichen Bezug zu den himmlischen Mächten.

An der Nordwand des Kirchenschiffes zwischen dem Kanzelaltar und den Emporen füllt die geräumige verglaste Patronatsloge den Zwischenraum. Vier Pilaster gliedern deren Front mit drei großen Fenstern. *(Abb. 50)*

Das Epitaph von Franz Casimir von Trotha (1679–1711), der den Neubau der Würdenburg durchführte, befindet sich gegenüber der herrschaftlichen Loge. *(Abb. 51)* Er war der Urenkel des Friedrich von Trotha und der Bruder von Thilo Leberecht, dessen Wirken die Kirche St. Vitus ihre heutige Form verdankt. Das Gemälde zeigt das Gesicht von Franz Casimir im Dreiviertelprofil. Er trägt einen schwarzen Harnisch mit einer roten Schärpe. Das Bildnis umgeben die Ahnenwappen der Familie. Ein Band mit lateinischer Inschrift verbindet die Wappen. Den äußeren Rand des Epitaphs ziert eine mit Blattgold überzogene Ornamentik. Zwei geflügelte Putten berühren mit je einer Hand das Wappen derer von Trotha, das den oberen Abschluss des Memorialwerkes darstellt. Im unteren Teil weist die Inschrift auf den schon mit 31 Jahren Verstorbenen hin. *(Abb. 52)* Die neue Würdenburg wurde nicht mehr bezogen, sondern verpachtet.

Das Leben des Franz Casimir von Trotha

Franz Casimir scheint ein bewegtes Leben gehabt zu haben. Eine Fahne, die bis 1855 in der Kirche hing, wies wohl darauf hin. Er scheint oftmals dem Tod knapp entgangen zu sein. Erich Neuß beschrieb die Fahne: *„In den Fahnenwinkeln waren kleine Bilder in Öl angebracht: auf der einen Seite rechts eine weithin sich dehnende Wasserfläche, vielleicht der nahe Salzsee, aus der durch eine aus den Wolken herabreichende Hand ein Ertrinkender gerettet wird, darüber steht: Emergo Potentia Dei* [Die Macht Gottes auftauchen lassen, F. B.]. *Links eine bergige Landschaft, im Vordergrunde eine Kutsche, davor vier wild davonjagende Pferde. Eine aus den Wolken kommende Hand greift in die Zügel des Gespannes; die Schrift lautet: Te Gubernante Servabor* [Dich lenken, steuern, ich werde gerettet werden F. B.]. *Auf der anderen Seite rechts: ein Genius überreicht einem geharnischten Ritter den Lorbeerkranz; darüber: Nunc Virtus Meritur* [Nun Tugend verdient, F. B.].*; links ein über weiter Wasserfläche schwebender Genius; darüber die Worte: Plus Ultra.* [Darüber hinaus; Immer weiter, F. B.]. *Die Fahne ist heute wieder im Besitz der Familie von Trotha."* (Neuß 1999, Bd. 1, S. 79 f.) Die Fahne nahm Bezug auf die Lebensdaten Franz Casimirs.

Die Kirche St. Vitus besaß zudem im Keller eine Familiengruft. In Folge des Einbaus einer Gasheizung in den 50er Jahren des 20. Jahrhunderts wurden die restlichen Särge entfernt und die Gruft zerstört.

Der Weg führt nun nach Oberteutschenthal. Dabei überquert man die alte Grenze von Kurbrandenburg-Preußen zum Kurfürstentum Sachsen. Die Kirche St. Laurentius fällt durch den markanten Turmhelm sofort auf.

Die Kirche St. Laurentius

Die Kirche, deren Schutzpatron zufällig mit dem Merseburger Stiftheiligen übereinstimmt, geht in ihrer heutigen Form größtenteils auf einen Neubau von 1617 zurück. Ein Brand zerstörte 1612 die Vorgängerkirche. Das Stift Merseburg hatte die Kirche im Jahr 1365 dem Kloster Kaltenborn abgekauft. Es gab damals auch den Turm mit dem imposanten Helm in Auftrag. Die Baumaßnahmen wurden unter der Stiftsherrschaft von Kurfürst Johann Georg von Sachsen (1585–1656) durchgeführt. Er stiftete den Bauherren vom Amt Lauchstädt Holz und dabei insbesondere 15 Eichen zur Konstruktion des Glockenstuhles. Die Einweihung erfolgte am 18. April 1617. Eine nicht mehr erhaltene Inschrift über der Eingangstür sollte an dieses Ereignis erinnern: *Durch Gottes Gnade Johann George zu Sachsen, Klewe und Berge etc. Anno 1617 den 18. April ist diese Kirche benebe dem Turm verfertiget. Damals ist gewesen Herr Johann Schlewit Pfarrere und die Bauherrn […]*". (Schröder 1993, S. 28)

Die tiefe Feindschaft, welche die verschiedenen Besitzansprüche in Teutschenthal nach sich zog, brach auch hier offen zutage. Ein kursächsischer Berichterstatter betonte voller Stolz, dass der Neubau ohne Hilfe von Trothischen Amtsuntertanen zustande kam. Der Konflikt fand auch Erwähnung im Lehensbrief der Mansfelder Grafen für Friedrich von Trotha aus dem Jahr 1594: „*[…] wenn ihrer Männer zween gegeneinander wohnen und sodann ruchbares geschähe auf der Gasse, so haben es gemeldete von Trotha zu richten. Wo aber ein Merseburgischer und der von Trotha Männer enner gegeneinander wohnen, allzuwelchem Theile eine Unthat geschähe, und welchem am nächsten, der hat darüber zu richten.*" (Schröder 1999, S. 22) Bei einer Feuersbrunst nach einer Missernte im Jahr 1728 halfen die Einwohner nur denjenigen, die zu ihrer Herrschaft gehörten. Es kam nicht vor, dass ein Merseburgischer einen Trothischen Nachbarn unterstützte. Zudem verfügten die Untertanen derer von Trotha über die brandenburgische Brandordnung. In Oberteutschenthal gab es gar keine.

Dieses Konfliktpotential wirkte sich natürlich auch auf den geistlichen Bereich aus, besonders nachdem Wolf Thilo von Trotha das Patronat über St. Laurentius übernahm. Der Grund hierfür lag darin, dass das Stift Merseburg die Gemeinde von St. Laurentius vernachlässigte. Wolf Thilo änderte die sächsisch-merseburgische Gebetsordnung ab. Er ließ ein Gebet für das Seelenheil seiner Familie in den Gottesdienst einbauen. Des Weiteren führte er die kurbrandenburgischen Buß- und Trauertage ein. Das war ein offener Affront gegenüber der Merseburger Kirche. Die Geschehnisse in Oberteutschenthal beschäftigten auch den Kurfürsten von Brandenburg. In einem Dokument vom 17. Juni 1695 teilte er seinen Standpunkt mit. Das Herzogtum Magdeburg als Lehnsherr der Mansfelder Grafen, die mit ganz Teutschenthal belehnt seien, stände für den kurbrandenburgischen Charakter des gesamten Tales. Die kursächsische Antwort folgte umgehend mit einem entschlossenen Dementi der kurbrandenburgischen Ansprüche. Der Streit endete erst mit den Regelungen Napoleons. Es sei noch eine kleine Anekdote erwähnt, die für so viele Auseinandersetzungen in Teutschenthal exemplarisch ist: *Als Anna von Trotha, die Witwe Wolf*

Thilos, im Jahr 1684 Johann Nathanael Günther zum Pfarrer für St. Vitus und St. Laurentius durch das Patronatsrecht bestimmte, erließ das Stift Merseburg eine Anweisung an den Kantor von St. Laurentius. Er solle einen Spion nach St. Vitus schicken, um die Antrittspredigt Günthers zu hören. Zudem habe er dafür Sorge zu tragen, dass kein weiterer Einwohner Oberteutschenthals nach Unterteutschenthal zu der Predigt gehe. Nach dem Ende des Gottesdienstes in St. Vitus, zog der neue Pfarrer mit der Herrschaft derer von Trotha und der Gemeinde nach St. Laurentius. Doch die Kirche war verschlossen. Die Schlüssel waren verschwunden. Der Kantor hatte sie versteckt. Anna von Trotha beschwerte sich beim brandenburgischen Kurfürsten, der eine förmliche Anweisung an das Stift Merseburg aufsetzte, den Pfarrer anzuerkennen.

Die Kirche hat eine bewegte Geschichte hinter sich, die ganz im Zeichen von Partikularinteressen stand.

Ihren Innenraum prägt seit dem Ende des 18. Jahrhunderts ein hölzerner Kanzelaltar. Im Unterschied zur Kirche St. Vitus haben sich Teile der sandsteinernen Vorgängerkanzel erhalten. Die Skulptur des Moses, der die Kanzel trug, sowie eine Golgathaszene befinden sich heute hinter dem Altar an der Ostwand.

Die Orgel von St. Laurentius erklang einst in der Stadtkirche St. Maximi in Merseburg. Ihr Einbau erforderte eine Erhöhung der Decke in Form des Einzugs eines Tonnengewölbes. Gleichzeitig entstanden sechs neue Fenster in den Seitenwänden.

Ein besonderes Werk stellt der Taufstein dar. Friedrich Wieckardt aus Freyburg an der Unstrut schuf im Jahr 1696 das sakrale Kunstwerk. Einhundert Jahre leistete der Taufstein seinen Dienst in der Kirche, bevor er aus St. Laurentius verbracht wurde. Er wurde zerstört und teilweise verbaut. Erst durch den Mann, der den Ort in der ersten Hälfte des 20. Jahrhunderts nachhaltig veränderte, konnte der Stein wieder zusammengesetzt werden.

Im Jahr 1922 erfolgte die neuerliche Weihe des sakralen Kunstwerks. Die Rede ist von Carl Wentzel. Er gelang durch die Heirat mit Ella von Zimmermann in den Besitz eines Großteils der Güter derer von Trotha. Carl Wentzel verlagerte den Schwerpunkt des Ortes von der Würdenburg nach Oberteutschenthal. Sein Domizil steht nur ein paar Schritte von der Kirche St. Laurentius entfernt. Es ist das sogenannte Schloss Teutschenthal.

Der kurzen Weg zum Wentzelschen Haus bedarf einer geistigen Trennung von der Ära der Landadligen. Es ist ein Zeitsprung in eine neue Epoche, in die Neuzeit – die Epoche der Großgrundbesitzer in der preußischen Provinz Sachsen. Die von Trothas verpachteten ihre Besitzungen. Wie in der ganzen Region treten Bürgerliche und Bauern als neue Pächter auf. Ab der zweiten Hälfte des 18. Jahrhunderts verstärkt sich diese Entwicklung. Die feudalen Grundherren, die Landadligen wurden zurückgedrängt. Die Landwirtschaft orientierte sich in zunehmendem Maße an ökonomischen Interessen. Alle gesellschaftlichen Bereiche unterlagen vielfältigen Veränderungen. Um es mit den Worten des Historikers Dominic Lieven zu sagen: *„Die Gesellschaft wurde zu kompliziert, um von den Aristokraten verwaltet zu werden. Das Zeitalter der beruflich qualifizierten Fachleute – Burkes Sophisten, Wirtschaftlern und Rechnern – war angebrochen.“* (Lieven 1995, S. 31)

Der Großgrundbesitzer Carl Wentzel

Der Anfang einer modernen Landwirtschaft – Die Entstehung der Rübenzuckerindustrie

Die Basis der industriellen Revolution

„Nach 1830 bildeten sich in den fruchtbaren Landwirtschaftsgebieten der Provinz [Sachsen, F.B.] *in erster Linie durch den Anbau und die Verarbeitung von Zuckerrüben mit Zentrum in der Magdeburgischen Börde neben stabilen Bauernwirtschaften große kapitalistisch wirtschaftende landwirtschaftliche Betriebe bürgerlicher, bäuerlicher oder adliger Besitzer heraus, die zumeist mit Zuckerfabriken, Brennereien und anderen Zweigen industrieller Tätigkeit verbunden waren. Die Zuckerrübenkultur und die Produktion von Rübenzucker wurden zum Ausgangspunkt und zentralen Bereich der industriellen Revolution in den landwirtschaftlich fruchtbaren Gebieten Mitteldeutschlands mit dem Zentrum der Magdeburger Börde."* (Tullner 1998, S. 7 f.)

In der Festschrift zum fünfzigjährigen Bestehen des 1850 gegründeten Vereins der Deutschen Zuckerindustrie heißt es: *„[…] dass die deutsche Zuckerindustrie ihre Entstehung ausschließlich der unermüdlichen Thätigkeit und unbeugsamen Energie Achard's verdankt, der der Ausführung seines großen Vorsatzes, zu Ruhme und Nutzen des Vaterlandes eine neue Industrie erstehen zu lassen, zeitlebens alle Kräfte widmete, […]"*. (Von Lippmann 1900, S. 1)

Franz Carl Achard (1753–1821), der 1801 in Schlesien eine erste Rübenzuckerfabrik errichtete, war ein Schüler von Andreas Sigismund Marggraf (1709–1782). Letzterer hatte durch chemisch-pharmazeutische Studien über die Zusammensetzung von Pflanzensäften, Zucker in Wurzelgewächsen entdeckt. Die 1747 erschienene

Abb. 23 – Epitaph Alexander Haubolds Marschall von Bieberstein

Abb. 24 – Sockelinschrift

Abb. 25 – Menschen-skelett

Abb. 26 – Epitaph Joachim Wilhelms Marschall von Bieberstein

Abb. 27 – Patronatsloge

Abb. 28 – Kanzel

Abb. 29 – Zuberbier-Orgel, 1775

Abb. 30 – Grabplatte für den letzten Koch auf Bennstedt

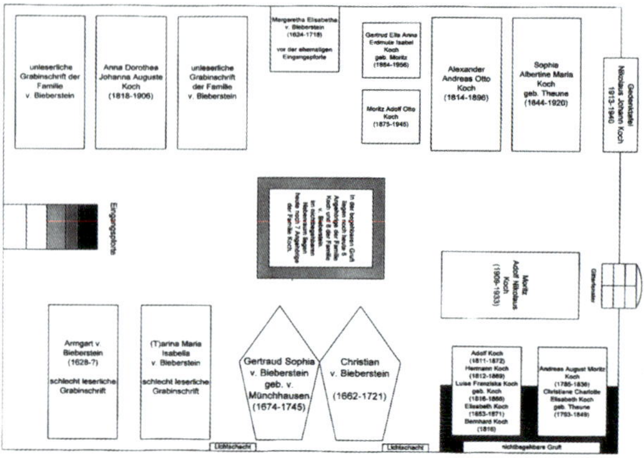

Abb. 31 – Plan Gruft

Abb. 32 und 33 – Sarkophag des Christian Marschall von Bieberstein und der Gertrud Sophie

Abb. 34 – Der plastisch ausgearbeitete Mönch aus dem Wappen derer von Münchhausen

Abb. 35 – Das Ehepaar Joachim Wilhelm und Armgard

Abb. 36 – Die Würdenburg 2007

Abb. 37 – Wappen am Portal der Würdenburg

Abb. 38 – St. Vitus, Südseite

Abb. 39 –
Spitzbogenfenster
der Südseite

Abb. 40 –
Karte, verputzter
Westturm

Abb. 41 –
Aufgang zur
Patronatsloge

Abb. 42 – Detail vom Portal zur Patronatsloge

Abb. 43 – Nördliches Eingangsportal

Abb. 44 – Detail des nördlichen Eingagsportales

Abb. 45 – Postkarte von St. Vitus, Kanzelaltar

Abb. 46 – Innenraum von St. Vitus, Blick nach Westen mit den doppelten Emporen

Abb. 47 – Innenraum von St. Vitus mit dem Altar im Osten

Abb. 48 – Gedenktafel an die Gefallenen des Ersten Weltkrieges

Abb. 49 – Taufstein

Abb. 50 – Patronatsloge

Abhandlung wies Zuckersäfte in der schlesischen Runkelrübe nach. Marggrafs Forschungsergebnisse schürten die Hoffnung Zucker auf Basis inländischer Rohstoffe herzustellen, denn bis zu diesem Zeitpunkt war Preußen vom Kolonialrohrzucker abhängig. Ein Problem bestand in der Kultivierung der Zuckerrübe. Sie kam in den klimatisch völlig abweichenden Mittelmeerländern als Wildpflanze vor. Achard betrieb seit 1786 bei Berlin ein Versuchsfeld mit einer Runkelrübenkultur. Er stellte am 11. Januar 1799 seine Ergebnisse König Friedrich Wilhelm III. vor. Die Erwartungen des preußischen Königs an den Nachfolger Marggrafs hatten sich erfüllt. Achard bekleidete das Amt des Direktors der physikalischen Klasse an der Preußischen Akademie der Wissenschaften. Friedrich Wilhelm III. formulierte ein Privileg an Achard und übergab ihm das Gut Alvensleben. Franz Carl Achard zog es aber vor, bei Berlin zu arbeiten. Der Pionier des Rübenzuckeranbaus forschte trotz Mangel an finanziellen Mitteln bis zum Ende der Kontinentalsperre weiter. Achards Verdienst lag vor allem in der Erkenntnis, dass nur der richtige Anbau und bestimmte Kultivierungsmethoden Rüben mit ertragreichen Wurzeln heranwachsen lassen. Die Wurzel dient der Pflanze als Nährstoffkammer. Ihr Hauptnährstoff ist der Zucker.

Die erste Phase der gewerblichen Rübenzuckerindustrie von 1799 bis 1815 basierte auf den Forschungen Achards und den wirtschaftlichen Zwängen, die durch die Kontinentalsperre hervorgerufen wurden. Die Sperre trennte die Kolonialrohrzuckerraffinerien von ihrem Rohstoff. Das Zentrum der Rübenzuckerfabrikationsanlagen befand sich im Raum Magdeburg. Die Eigentümer waren hier im Gegensatz zu Schlesien, wo adlige Grundbesitzer sowie hohe Beamte dominierten, Kaufleute, höhere und mittlere Beamte aber auch Fabrikanten. Eine wichtige Unternehmerpersönlichkeit dieser ersten Phase war Johann Gottlieb Nathusius (1760–1835). Nathusius erkannte, dass in der Verbindung von Landwirtschaft und Weiterverarbeitung der Grundpfeiler einer rentablen Unternehmung bestand. Er formte die Idee der *landwirtschaftlich-industriellen Gewerbeanstalt*. In diesem Sinne verknüpfte er den Anbau von Rüben mit der Errichtung einer Rübenzuckerfabrik. Das geschah im Jahr 1812. Die Fabrik endete, wie die anderen Fabrikationsanlagen der ersten Phase, im Ruin. Mit der Aufhebung der Kontinentalsperre fielen die Preise für Kolonialrohrzucker. Die junge Rübenzuckerfabrikation konnte dem Konkurrenzdruck nicht standhalten. Der Kolonialrohrzucker erlebte eine Renaissance. Bis in die 1850er Jahre blieb seine Handelsentwicklung konstant.

Einen neuen Schub erhielt die Rübenzuckerfabrikation im Jahr 1831 als die preußische Regierung die Anhebung der Zölle auf ausländischen Rohzucker und Raffinade verfügte. Infolgedessen erhöhte sich die Anzahl von Rübenzuckerfabriken in Preußen bis 1837/38 auf 122 Betriebe. Die meisten waren Kleinbetriebe.

In der Provinz Sachsen gründete Mathias Christian Rabbethge (1804–1902) in den 1830er Jahren, durch den Kauf von Nutzflächen, eine landwirtschaftliche Unternehmung. Er erschloss dabei finanzielle Mittel, die er ab 1838 nutzte, um sich als Aktionär an der Zuckerfabrik Klein-Wanzleben zu beteiligen. Rabbethge verkörperte einen neuen Typus von landwirtschaftlichen Unternehmern. Er konzentrierte mit anderen Bauern Kapital in einer Aktiengesellschaft. Während der ebenfalls aus bäuerlichen Verhältnissen stammende Johann Gottfried Boltze (1802–1868) erst ab 1840 seinen Handel mit Getreide reduzierte, um die Rübenzuckerfabrikation zu forcieren, entstand in Halle 1835 unter Mitwirkung des Kaufmannes Carl-August Jacob (1798–1866) die *Hallesche Zuckersiederei Companie auf Actien.* Die Produktionsanlage der Gesellschaft, die seit 1837 als erste industrielle Fabrik in der Saalestadt Rübenzucker herstellte, wurde in Glaucha errichtet. Die neue Organisationsform der Aktiengesellschaft stieß aber auf große Ablehnung. Bildungen von sogenannten *Anonymen Gesellschaften* wurden durch das *Oktroi-System* behindert, wonach jeder Zusammenschluss dieser Art ein eigenes Gesetz benötigte. Im Jahr 1843 fiel diese Regelung. Es folgte die stetige Umwandlung vieler Unternehmungen zu Großbetrieben. Sie gewährleistete den rationellen Einsatz von Maschinen, Arbeitskräften und eine auf wissenschaftlicher Grundlage arbeitende Betriebsleitung. Nicht zuletzt sorgte die Urbanisierung für eine Veränderung der Ernährung. Einerseits führte das Anwachsen der Stadtbevölkerung zu einer Ausweitung des Konsumpotentials, andererseits war die Massenproduktion von Rübenzucker der Grund für seine Erschwinglichkeit. Es bestand nun auch die Möglichkeit für untere Schichten am einstigen Luxusgut Zucker teilzuhaben. Der Pro-Kopf-Verbrauch von Rübenzucker stieg in Preußen von 1836 2,1 kg auf 3,9 kg im Jahr 1860. Die Hauptnahrungsmittel der ländlichen Regionen, wie Mehlspeisen, Pflanzenfette oder Roggenbrot, ersetzte in den urbanen Zentren eine schmackhaftere Ernährung. Fleisch, Weißbrot und Süßwaren, deren Massenproduktion nur durch den Rübenzucker möglich war, nahmen immer mehr den Rang von Waren des täglichen Bedarfs ein.

In der Provinz Sachsen steigerte die Zuckerindustrie ihre Bedeutung. Vor allem im Süden der Region nutzte dieser Fabrikationszweig bis zu zwei Drittel der gesamten Nutzfläche. Besonders in den Städten, im Mansfelder Seekreis, den Kreisen Wansleben und Oschersleben dominierten die Großbetriebe. Letztere siedelten sich meist in Stadtnähe an. Dort gab es ein ausreichendes Arbeitskräftepotential und ein großes Konsumpotential. Dieses Potential erweiterten die schiffbaren Wasserwege der Provinz Sachsen sowie die Anbindung an die Eisenbahnstrecken. Ab 1865 erlangten die *Rübenbahnen* Berühmtheit. Die Eisenbahnen sorgten für die zügige Anlieferung der Brennstoffe. In besonderem Maße aus den Braunkohlelagerstätten um Halle, Bitterfeld, Weißenfels, Zeitz, dem Geiseltal sowie dem Mansfelder Revier wurde der Bedarf an Kohle gedeckt. Viele Rübenzuckerstandorte besaßen eigene Gruben, wie Schwittersdorf, Langenbogen oder Salzmünde.

Das sind die grundlegenden Entwicklungen, welche die Unternehmungen der Familie Wentzel und der der Boltzes seit der Mitte des 19. Jahrhunderts ermöglichten. Ihre Geschichte ist eingebettet in den Siegeszug der Rübenzuckerindustrie. Die Rübenzuckerfabrikation war ein Motor der Industrialisierung. Es handelte sich um keinen untergeordneten Gewerbezweig im gesamtwirtschaftlichen Vergleich. Dass sich als Erstes die Rübenzuckerindustrie, dann die Brauereien sowie die Getreidemüllereien früh in Aktiengesellschaften organisierten, lässt auf Effizienz, Professionalität und Technisierung schließen.

Teutschenthal – Die Residenz der Familie Wentzel

Die Familie Wentzel stammt ursprünglich aus Löderburg bei Staßfurt. Seit Anfang des 18. Jahrhunderts bauten die Bauern der Region Rüben an, um Sirup für den Haushalt zu gewinnen. Wie schon erwähnt, bezog der Pionier des Zuckerrübenanbaus Franz Carl Achard Rüben aus dem nahe gelegenen Halberstadt. Der Rübenanbau sollte die Grundlage der Wentzel'schen Unternehmungen darstellen. Georg Philip Wentzel (1734–1791) veräußerte den alten Hof der Familie. Er pachtete das Oberamt Schraplau sowie das Freigut Oberröblingen. Die schwierigen Umstände der napoleonischen Zeit hatten zur Folge, dass die Familie Wentzel Schraplau aufgab. Andreas Friedrich Philipp Wentzel (1759–1828) fügte den Besitzungen 1811 die preußische Domäne Brachwitz mit dem Vorwerk Langenbogen hinzu. Carl Emil Wentzel (1812–1888) gilt nach Erich Neuß *„[...] als der eigentliche Begründer der Wentzelschen landwirtschaftlich-gewerblichen Unternehmungen [...].“* (Neuß 1999, Bd. 1, S. 85) Er ließ in Langenbogen 1848 eine Zuckerfabrik errichten. Seine Erfahrungen auf diesem Sektor waren gleich Null, doch seine ökonomische Weitsicht beförderte diesen Schritt. Um einen wirtschaftlichen Rübenanbau auf eigenem Boden zu ermöglichen, erweiterte Carl Emil Wentzel den Landbesitz. Güter in Amsdorf, Eisdorf und das Freigut Teutschenthal kamen bis 1860 hinzu. Die Brennstoffversorgung der Zuckerfabrik stellten die eigenen Braunkohlegruben bei Wansleben, Stedten und Eisdorf sicher.

Erst Friedrich Philipp Carl Ludwig Wentzel (1843–1907) erhob Teutschenthal zum ständigen Sitz der Familie. Er verkörperte eine neue Generation von Unternehmern, nämlich die eines gebildeten Spezialisten. Er hatte ein Studium an der Universität Halle absolviert. Reisen führten ihn nach England und Frankreich. Im Jahr 1873 trat Carl Ludwig Wentzel in den Stand der Ehe. Mit seiner Frau Emma Sophie Margarethe Becker aus Berlin (1854–1885) residierte er zunächst auf der Domäne Brachwitz. Das Haus in Brachwitz entsprach aber nicht mehr den Vorstellungen der jungen Familie, und auch gesundheitliche Probleme führten zu dem Bau eines neuen Wohnsitzes: *„Das Freigut Teutschenthal im Zentrum der Wentzelschen Ländereien und unweit der Zuckerfabrik Langenbogen bot sich auch durch seine landschaftlich schöne Lage am Ortsrand an. Hier war genügend Platz für ein modernes, großes Haus, das die Familie mit ihren vier Kindern beziehen konnte, und für einen Park, in dem die junge, inzwischen schwer lungenkranke Frau ihre Spaziergänge unternehmen konnte.“* (Breuer 2003, S. 296)

Für das Vorhaben konnte der Architekt Karl Franz Hugo Wrede (1845–1901) gewonnen werden. Hugo Wrede übte bis 1876 das Amt des Stadtbaumeisters in Merseburg aus. Im Jahr 1885 wurde der Vorgängerbau des heutigen Schlosshotels Teutschenthal schlüsselfertig übergeben. Der frühe Tod der Margarete Wentzel überschattete den Einzug in das neue Gebäude. Carl Ludwig Wentzel heiratete 1895 Anna Albrecht. Aus dieser Ehe sollten aber keine Kinder hervorgehen. Er nutzte bis zu seinem Tod 1907 die neue Residenz. Die Witwe Wentzel lebte zunächst allein in dem Haus, das

1911 durch einen Brand stark in Mitleidenschaft gezogen wurde.

Die erste Residenz der Wentzels in Teutschenthal

Steffi Breuer beschreibt das Vorgängergebäude anhand alter Fotos folgendermaßen: *„Es hatte an der Hofseite (Nordseite) seinen Hauptzugang. Der Balkon über dem Eingang mit jeweils einem tragenden Pfeiler und einer Säule ähnelte sehr der Eingangssituation einer Villa in Cösitz, die Wrede 1891 umbaute. Typisch für die Bauten Wredes sind auch die Reiterchen und Windfahnen auf den Dächern der Gebäude sowie die Gauben, die sich bei nahezu allen Bauten in fast identischer Weise wieder finden. An der Südseite hatte das Gebäude einen großzügigen Wintergarten, vielleicht auf* [Initiative, F. B.] *der Hausherrin, die die exotische Pflanzenwelt des Südens, wo sie immer öfter Heilung suchte, in ihr Teutschenthaler Haus holen wollte. Daran schloß eine mit einer Holzpergola überdachte Terrasse an."* (Breuer 2003, S. 298)

Philipp Kurt Carl Emil Wentzel (1876–1944), der spätere *Zuckerkönig*, der ein Opfer des Dritten Reiches wurde, gab nach dem Brand einen umfangreichen Umbau in Auftrag. Er war der Bauherr des Gebäudes in der heutigen Form. Die Baumaßnahmen leitete der Düsseldorfer Architekt Joseph Kleesattel (1852–1926). Zahlreiche Veränderungen im Gegensatz zum Vorgängerbau prägen die Villa des Großgrundbesitzers Wentzel. Der Haupteingang wurde auf die Parkseite verlagert, wo sich einst der Wintergarten befand. Es handelt sich um ein eindrucksvolles architektonisches Ensemble. *(Abb. 63)* Den repräsentativen Eingang charakterisiert eine Treppe, die auf eine Terrasse führt. Sie überlagert teilweise ein großer Balkon des darüber liegenden Stockwerks. Des Weiteren erfuhr die Fassade eine neue Gliederung, wie auch die Turmanbauten. Der Besucher gelangt über die südliche Terrasse zur Eingangshalle. Letztere wird durch Holzeinbauten dominiert. Ein großer Kamin mit einem Holzaufsatz, der einen Rahmen für ein Gemälde bildet, verleiht dem Raum einen mondänen repräsentativen Charakter. *(Abb. 53)* Das Bild zeigt einerseits verschiedene Lebensalter des Großagrariers, andererseits Bauwerke, die sein Wirken skizzieren.

Im Erdgeschoss befinden sich die Räume, in denen der Reusch-Kreis tagte. Diese lose Vereinigung von konservativen Wissenschaftlern, Industriellen und Akteuren der Landwirtschaft debattierte seit 1935 über wirtschaftliche und politische Probleme. Die Teilnehmer standen dem Nazi-Regime mehr und mehr kritisch gegenüber, was letztendlich dazu führte, dass gegen die Mitglieder 1944 Anklage wegen Hochverrats erhoben wurde. Den Räumen fehlt zwar durch die späteren Plünderungen der Nazis nach dem Todesurteil gegen Carl Wentzel das originale Mobiliar, doch hat die Innenarchitektur mit den Stuckdecken, Holz- und Steinverkleidungen der Wände ihr gediegenes Flair behalten. *(Abb. 54)* Die historischen Räume dienen den Gästen des Schlosshotels als Speise- und Konferenzräume. Nach der Enteignung der Wentzels durch die Bodenreform beherbergte das Haus bis 1991 eine Agraringenieurschule der gegenseitigen Bauernhilfe (VdgB). Den Enkeln Carl Wentzels war es vergönnt, nach der Rückübertragung großer Teile ihrer Besitzungen, 1995 das Schlosshotel Teutschenthal zu eröffnen, in dem auch regelmäßig Kulturveranstaltungen, wie Kammermusikabende oder sommerliche Konzerte im Park, stattfinden.

Die Geschichte des heutigen Vier-Sterne-Hotels ist unmittelbar mit dem Wirken von Carl Wentzel verbunden.

Carl Wentzel als Unternehmer

Carl Wentzel wurde am 9. Dezember 1876 in Brachwitz geboren. Er besuchte das Domgymnasium in Naumburg. Sein Studium der Landwirtschaft sowie der Staats- und Rechtswissenschaften absolvierte er an verschiedenen Universitäten, so zum Beispiel in Lausanne. Danach diente er von 1896 bis 1897 im *Königs-Ulanen* Regiment. Carl Wentzel komplettierte seine praktische Ausbildung in der Zuckerfabrik Delitzsch und in einer landwirtschaftlichen Aktiengesellschaft. Eine einjährige Weltreise, die ihm völlig neue Einblicke in die Landwirtschaft bot, stand am Ende seiner Studien. Der Tod seines Vaters Friedrich Philipp Carl Ludwig Wentzel im Jahr 1907 zwang ihn, die Verwaltung der Familienbetriebe zu übernehmen. Der junge Carl Wentzel, wie er auf dem Gemälde *(Abb. 55)* im rechten unteren Bildteil dargestellt wurde, löste diese Aufgabe bravourös, denn *„[...] schon 1913 war er in Lage, das 150 Hektar große durchweg von den Vorfahren gepachtete Amt Schraplau und weitere 750 Hektar landwirtschaftliche Flächen in Eisdorf, Stedten, Schraplau und Höhnstedt zu kaufen."* (Nabert 2004, S. 79) Im Jahr 1915 erfolgte eine Erweiterung der Unternehmungen durch die Eingliederung der ehemaligen Betriebe des Johann Gottfried Boltze (1802–1868) nach Salzmünde. Seit dem Tod Boltzes wurden sie durch die Familie von Zimmermann geleitet. Carl Wentzel hatte 1906 Ella von Zimmermann geheiratet. Ihr Bruder Leopold August Julius von Zimmermann (1887–1915), der letzte männliche Nachkomme und Leutnant im *Königs-Ulanen* Regiment, starb 1915 an einer Kriegsverletzung. Ella von Zimmermann als die alleinige Erbin erhob ihren Gatten zum Generalbevollmächtigten der Firma *J. G. Boltze*. Die Unternehmungen der Boltzes wurden nun in die Wentzel'schen integriert. Trotz des gemeinsamen Namens *C. Wentzel – Teutschenthal, J. G. Boltze – Salzmünde* erfolgte ihre Verwaltung getrennt durch je einen Oberinspekteur. Insgesamt vereinigte Carl Wentzel in seinem Betrieb 21 Güter und Domänen mit 10 081 Hektar Land.

Es gelang ihm, seine Unternehmungen durch die Schwierigkeiten des Ersten Weltkrieges zu führen. Seit 1917 leitete der Großagrarier – zudem in der Funktion eines Rittmeisters der Reserve – die landwirtschaftliche Abteilung des Kriegsamtes. Diese Tatsache deutet auf sein großes Renommee schon während des Krieges hin.

In der Zeit nach dem Ersten Weltkrieg erlebte die Rübenzuckerindustrie eine Phase der Rationalisierung. Fabriken aus dem 19. Jahrhundert wurden stillgelegt. Carl Wentzel initiierte 1919 die Gründung der *Vereinigung mitteldeutscher Rohzuckerfabriken*. Sie sollte sich zu einem gemeinsamen Forum entwickeln, um bevorstehende Probleme effizienter zu lösen. De facto waren es Monopolvereinigungen. Carl Wentzel gründete des Weiteren die *Zuckervertriebsgesellschaft Halle AG* sowie die *Deutsche Zuckerkreditbank*, in der er seit 1923 das Amt des Aufsichtsratsvorsitzenden bekleidete. Letztere etablierte sich als stabiler finanzieller Rückhalt der Rübenzuckerindustrie. Wentzel prägte zudem die gesamte deutsche Zuckerindustrie. Von 1925 bis 1935 zeichnete er sich als Mitglied des Vereinsausschusses der Deutschen Zuckerindustrie aus. Nach dessen Gleichschaltung durch den totalitären Führerstaat holte der Generaldirektor *Wirtschaftsgruppe Zucker – Industrie* Fritz

Harney (1879–1953) den bedeutenden Fachmann Carl Wentzel in diese gleichgeschaltete Organisation: „*Im ‚engeren Beirat', der für die Vertretung der besonderen Gruppeninteressen gebildet wurde, war Carl Wentzel im ‚Ausschuß für die Belange der rübenverarbeitenden Zuckerfabriken' von 1935 bis 1944 tätig.*" (Olbrich 1981, S. 107) Zuvor hatte er auch internationale Erfahrungen gesammelt. Er war Mitglied der deutschen Delegation, die seit dem 9. Dezember 1930 auf der Zuckerkonferenz in Brüssel versuchte, die Interessen der Deutschen Zuckerindustrie zu vertreten. Sie reiste aber schon am 16. Dezember desillusioniert ab. Ein paar Monate später agierte Carl Wentzel als Delegierter auf dem im Rahmen des *Chadbourne-Abkommens* zur Einschränkung der Zuckerrübenproduktion (9. Mai 1931) geschaffenen *International Sugar Council.*

Seine eigenen Unternehmungen erlebten seit den 1920er Jahren einen steten Aufschwung: „*Die Wentzelschen Güter der Teutschenthaler und Salzmünder Betriebe lieferten Jahresmengen von 6 500 bis 10 900 Brotgetreide und deckten im Mittel etwas 1/1 000 bis 1/1 200 des Gesamtbedarfs an Brotgetreide im Deutschen Reich, obwohl die landwirtschaftlich genutzte Fläche nur rund 1/4 500 von der genutzten Anbaufläche des Reichs betrug. Dem hervorragenden Anteil des Zuckerrübenanbaues entsprechend hatten die Wentzelschen Güter auch zur deutschen Zuckerversorgung in beträchtlichem Maße beigetragen. Man hat damals gesagt, daß jeder 180ste Deutsche den Zucker ißt, der aus Rüben stamme, die von Carl Wentzels Gütern kamen.*" (Olbrich 1981, S. 45)

Der Erfolg seiner Gesamtunternehmungen basierte auf der idealen Verbindung von Landwirtschaft, landwirtschaftlich-technologischen Neuerwerbungen und eng an die Landwirtschaft gebundenen Industriezweigen. Er schuf ein vertikales wirtschaftliches System. Zentrum der Unternehmungen war die Landwirtschaft. Alle anderen Nebenbetriebe gruppierten sich darum. Rohstoffe sowie Abfallprodukte zirkulierten in diesem System.

Die Besitzungen des „Zuckerkönigs"

„Weiterhin gehörten Wentzel die Grube ‚Henriette' mit Teerschwelerei und Elektrizitätswerk bei Eisdorf, die ‚Wentzelzeche Ihlfeld', bedeutende Anteile und der Vorsitz des Grubenvorstandes beim ‚Bruckdorf-Nietlebener Bergbau-Verein' mit Brikettfabrik, Paraffinfabrik und Ziegelei, weiterhin der größte Kaolin- und Tonbetrieb des Halleschen Beckens mit der Salzmünder Schlämmerei, die Ziegelei Salzmünde, die Zuckerfabriken und Brennereien in Salzmünde und Langenbogen, ferner die Kartoffelflockenfabrik in Langenbogen, die Malzfabrik in Eisleben, 3 Mahl- und eine Sägemühle, ausgedehnte Werkstätten und ein eigenes Baubüro für die umfassende Fabrik- und Wohnungsbautätigkeit des Unternehmens." (Nabert 2004, S. 79)

Ein weiteres Projekt des erfolgreichen Großagrariers manifestierte sich im Umbau der Salzmünder Zuckerfabrik zu einer Saftstation. Mittels einer 6822 Meter langen Leitung wurde der in Salzmünde produzierte Rohsaft zur Endverarbeitung in die Zuckerfabrik Langenbogen gepumpt.

Doch auch im Exportgeschäft waren die Teutschenthal-Salzmünder Unternehmungen vertreten. Die Saatzuchtanstalt Teutschenthal – Salzmünde, einer der landwirtschaftlichen Nebenbetriebe, lieferte Zuckerrübensamen in die USA. Zwischen 1919 und 1929 betrug ihr Anteil an den Einfuhren dieses Rohproduktes nach Amerika am Gesamtvolumen 1/6. Die Saatzuchtanstalt in Salzmünde, abgebildet im rechten unteren Bildteil des Gemäldes *(Abb. 55)*, unter der Leitung von Prof. Dr. Erwin Baur (1875–1933), profitierte von den engen Verbindungen zur Universität Halle. In ihrer Tradition ging sie auf Johann Gottfried Boltze zurück. Boltze ließ 1859 die in ihrer Existenz bedrohte agrikultur-chemische Versuchsstation des landwirtschaftlichen Zentralvereins der Preußischen Provinz Sachsen von Ortrand nach Salzmünde verlegen. Die Leitung übernahm Hubert Grouven. Allerdings nutzte der landwirtschaftliche Zentralverein 1872 die Möglichkeit einer Übersiedlung der wissenschaftlichen Versuchsstation nach Halle. In Halle entwickelte sie sich zu einem Motor der landwirtschaftlichen Forschung an der Universität. Das Gebäude, das die Station unter Carl Wentzel in Salzmünde nutzte, steht heute leer. *(Abb. 56 und Abb. 57)* Nur wenig erinnert an ihre glanzvollen Zeiten, wie sie auf dem Gemälde dem Betrachter entgegentreten.

Carl Wentzel schaffte es zum größten Großgrundbesitzer der Provinz Sachsen aufzusteigen. Viele seiner Unternehmungen orientierten sich an dem Vorbild von Johann Gottfried Boltze. Ähnlich wie Letzterer schloss sein Engagement auch die Arbeiterschaft mit ein. Der Versuch, einen Stamm von fest angestellten Arbeitern aufzubauen, zeigt sich an den Bemühungen, Landarbeiter ganzjährig zu beschäftigen. In der Praxis bedeutete dies, dass die Landarbeiter im Winter andere Tätigkeiten ausübten. Weiterbildungen oder auch die Verrichtung anfallender Arbeiten in den industriellen Nebenbetrieben gehörten zu diesen Maßnahmen. Die Bindung der Arbeiter an den Betrieb sollte durch Werkswohnungen erfolgen.

Die Heimatschutzbewegung

Die Werkswohnungen, wie die Wohnsiedlungen in Teutschenthal und Salzmünde, orientierten sich in ihrer Architektur am *Heimatschutzstil*. Er resultierte aus einer Bewegung, die den Veränderungen der industriellen Revolution nicht positiv gegenüberstand. In Dresden wurde 1904 der *Deutsche Bund Heimatschutz* gegründet. Einer der bekanntesten Protagonisten war Paul Schultze-Naumburg. Die Ziele der Vereinigung betrafen nicht nur die Denkmalpflege, den Schutz des Landschaftsbildes, die Rettung des einheimischen Tier- und Pflanzenbildes, sondern auch die Pflege der ländlichen und bürgerlichen überlieferten Bauweise. Schultze-Naumburg hatte schon den Vorsitz in der 1903 gegründeten Vorgängervereinigung *Deutscher Ausschuß für gesundes Bauen in Stadt und Land*. Der Verein versuchte in besonderem Maße auch einfache Bauten in das Konzept zu integrieren. Es ist festzuhalten, dass es sich um ein rückwärtsgewandtes architektonisches Ideal handelte.

Zudem galt die Werkszeitung *Unser Betrieb* als übergreifendes Sprachrohr eines gemeinsamen Gedankens aller Angestellten der Wentzel'schen Unternehmungen. Allerdings erwuchsen die sozialen Maßnahmen Carl Wentzels nicht aus einer besonderen sozialen Neigung heraus, sondern aus den realen Gegebenheiten. Die Organisationen der Arbeiterschaft und nicht zuletzt die Ereignisse der Novemberrevolution von 1918 hatten gezeigt, dass nur ein Miteinander zwischen Unternehmer und Arbeiterschaft ökonomischen Erfolg garantierten. Dabei spielte natürlich die soziale Absicherung der Landarbeiter eine herausragende Rolle. Teilnehmer der Führung *Gloria et Labor*, die Carl Wentzel noch aus eigener Erfahrung kannten, bestätigten, dass er sich in keiner Weise von anderen Großgrundbesitzern unterschied. Das soll seine unternehmerischen Leistungen nicht schmälern. Carl Wentzel war bis zu seiner Hinrichtung 1944 einer der bedeutendsten Unternehmer. Sein Erfolg brachte ihm bei seinen Freunden und Feinden den Beinamen *Zuckerkönig* ein.

Carl Wentzel als Opfer des nationalsozialistischen Systems

In dem Urteil des Volksgerichtshofes vom 13. November 1944 in seiner Funktion als Sondergericht heißt es: *„Carl Wentzel äußerte sich häufig im Bekanntenkreise schwer zersetzend, bedauerte einmal, daß sich kein Offizier finde, unseren Führer zu erschießen. Er ließ sich von Goerdeler für seinen Verrat gewinnen und erlaubte ihm sogar, seine Verratspläne in seinem Hause seinen Gästen werbend vorzutragen. Er gehört also zu den Verrätern, die mitten in unserem schwersten Kampf uns unserer nationalsozialistischen Führung und Lebensweise berauben wollten und die daran gingen, uns wehrlos unseren Kriegsfeinden auszuliefern.* [Bl. 2] *Für immer ehrlos, wird er dafür mit dem Tode bestraft. Sein Vermögen verfällt dem Reich.“* (Olbrich 1981, S. 155)
Das Urteil vollstreckten die nationalsozialistischen Machthaber am 20. Dezember 1944 in Plötzensee durch den Strang. In der Mitte des Kamingemäldes tritt dem Betrachter Carl Wentzel als Angeklagter vor dem VGH entgegen. *(Abb. 55)* Wofür wurde Carl Wentzel bestraft? Was hatte er getan, dass seine Verhandlung vor dem Volksgerichtshof in Berlin unter dem Teufel in Menschengestalt Roland Freisler nicht nur mit der Kamera gefilmt, sondern auch mit Ton aufgenommen wurde? Gemäß der Anordnung von Adolf Hitler entstanden

Tonfilmaufnahmen nur bei besonders schwerem Verrat am Terror-Regime.

Der Volksgerichtshof – Instrument des Terrors

Der Volksgerichtshof war Bestandteil der Sondergerichtsgebung. Es handelte sich um einen Justizapparat zur politischen Strafverfolgung. Der Volksgerichtshof beschäftigte sich mit Hoch- und Landesverrat. Das Strafprozessrecht galt hier nicht. Die Beschuldigten, Andersdenkende oder auch oftmals Opfer von Denunziation, besaßen keine Rechte. Die Einspruchsmöglichkeiten waren eingeschränkt, eine Beweisführung existierte de facto nicht. Das Ziel bestand darin, die Beschuldigten in Schnellverfahren abzuurteilen. In den meisten Fällen wurden die Opfer durch Folter vor der Verhandlung in einen Zustand versetzt, der (außenwirksam vor einem systemtreuen Publikum), die Sinnlosigkeit des Widerstandes gegen den Nazistaat verdeutlichen sollte. Der Volksgerichtshof entwickelte sich zu einem effektiven Instrument des politischen Terrors. Sein Auftrag bestand nicht in der Rechtssprechung, sondern in der physischen und psychischen Vernichtung des Gegners.

Die Grundlage der Anklage gegen Carl Wentzel bildete der Prozess gegen den Reusch-Kreis im Zusammenhang mit dem Attentat auf Hitler am 20. Juli 1944. Hubert Olbrich gelang es die Prozess-Akten einzusehen. Er hob hervor, dass es sich um Gestapo-Unterlagen handelt, die Aussagen enthalten, die unter Folter und unglaublichen psychischem Druck entstanden. Ihr Wahrheitsgehalt ist fraglich, denn diese Dokumente haben nicht die Wahrheitsfindung zum Ziel, sondern die Verurteilung der Beschuldigten. Darauf sei an dieser Stelle hingewiesen. Fest steht, dass Carl Wentzel im Schloss Teutschenthal Treffen des Reusch-Kreises abhielt. Mit zunehmender Fortdauer des Krieges erkannten die konservativen Mitglieder des Clubs die Notwendigkeit, dem System ein Ende zu bereiten. Die wichtigsten Protagonisten des Reusch-Kreises waren: der Direktor der *Gute Hoffnung* Hütte Paul Reusch, der ehemalige Reichsbankpräsident Hjalmar Schacht, der Generaldirektor der Vereinigten Stahlwerke AG Vögler, der Generaldirektor von AEG Büchner, der Generaldirektor von MAN Meyer sowie der Großgrundbesitzer Graf Hardenberg, der Wirtschaftsexperte Prof. Woermann, Major a.D. Otto Schaumburg und Dr. Max Schröder auf Etzdorf. Die Diskussionen des Reusch-Kreises zielten nicht von Anfang an darauf die Nazi-Herrschaft zu beenden. Vielmehr hatten die Debatten aktuelle wirtschaftliche Fragestellungen zum Inhalt. Zwar bestanden gerade bei den Großgrundbesitzern, die meist dem Klientel der Deutschnationalen Volkspartei (DNVP) angehörten, deutliche Ressentiments gegenüber der nationalsozialistischen Bewegung. Einzelne jedoch, wie Carl Wentzel, förderten die neuen Machthaber. Einige schlossen sich sogar den parteipolitischen Organisationen der Nazis an. Zum großen Teil waren dies jüngere Adlige und Gutsbesitzer, die ältere Generation von konservativen Großgrund- und Gutsbesitzern konnte dem Agitieren der braunen Massenorganisationen meist nichts abgewinnen: *„Der Großteil der Großgrundbesitzer blieb zunächst auf konservativen Positionen stehen und betrachtete die verworrenen wirtschaftspolitischen Ziele der NSDAP, ihr plebejisches Auftreten und ihre gegen den Großgrundbesitz geführten Attacken weiter mit Unbehagen.“* (Nabert 1992, S. 107)

Trotzdem zeigte gerade Carl Wentzel eine hohe Anpassungsfähigkeit an die neuen politischen Gegebenheiten. Er arbeitete die Vier-Jahrespläne mit aus. Er stellte seine fachliche Kompetenz dem Regime zur

Verfügung und zog sogar ökonomischen Nutzen aus den Kriegsereignissen. Er beschäftigte Zwangsarbeiter sowie Kriegsgefangene auf seinem Land, die nur einen Bruchteil der Entlohnung eines regulären Landarbeiters erhielten. Alfred Bues konnte auch Auslieferungen von Gefangenen aus seinen Betrieben an die Gestapo namentlich nachweisen. Über den sonstigen Gehalt der Dissertation von Alfred Bues muss nicht weiter diskutiert werden. Es handelt sich um das Hetzwerk eines Mannes der sich noch in sowjetischer Gefangenschaft zum Demagogen einer anderen Diktatur ausbilden ließ. Er war FDJ-Funktionar, in der Bezirksleitung Halle tätig und durch die Bezirksparteischule Ballenstedt geprägt. Bues studierte Marxismus-Leninismus. Das Ziel seiner Dissertation über Carl Wentzel war die Erlangung des Doktorgrades in diesem systemtreuen Fach. Dementsprechend ist die Arbeit aufgebaut. Nur ein kleiner Teil der Dissertation enthält Fakten oder diskutiert wissenschaftlich und ohne Vorurteile vorhandene Quellen. Der Hauptteil des Textes „besticht" durch freie Interpretationen und Propaganda. Allerdings spricht die Tatsache, dass Wentzel neben der Beschäftigung von Kriegsgefangenen auch sofort geschäftlich in den eroberten Ostgebieten tätig wurde, auch nicht für ein überaus kritisches Verhältnis des Großgrundbesitzers zu den Methoden der Nazi-Diktatur: *„Wentzel gründete darauf sofort den Einsatzstab Ukraine bei seiner Firma und schickte leitende Angestellte in die besetzten Gebiete der Sowjetunion. Diese nahmen vier Zuckerfabriken in treuhänderische Verwaltung."* (Bues 1972, S. 234)

Erst nach der Wende des Krieges mit der Niederlage in Stalingrad kam vielen die Aussichtslosigkeit der Lage in das Bewusstsein. Gerade Vertreter der konservativen wirtschaftlichen Elite entwarfen zunehmend Pläne gegen den autoritären Führerstaat, der *„[...] ihrer Meinung nach nicht mehr der Wirtschaft, sondern der politischen Elite um Hitler diente."* (Nabert 2004, S. 89) Im Reusch-Kreis unter der Federführung des einstigen Leipziger Oberbürgermeisters Carl Goerdeler (1884-1945) hoffte man nun auf einen erfolgreichen Staatsstreich gegen Hitler. Die Teilnehmer berieten über einen zu schließenden Separatfrieden mit den Westmächten, die Grenzen des Reiches sowie das weitere Vorgehen gegenüber der Sowjetunion. Goerdeler bestimmte für die Nach-Hitlerzeit ein Schattenkabinett. Carl Wentzel sollte das Amt des Landwirtschaftministers ausüben. Wentzel lehnte dies aber ab. Carl Wentzel war kein Mann der Politik. Er bevorzugte, in Fachgremien oder Unternehmen zu wirken. Dazu Thomas Nabert: *„Wenn er Politik machte, dann durch sachliche Argumentation in Hinterzimmern und Freundeskreisen bzw. mit Hilfe von Geldkoffern."* (Nabert 2004, S. 87)

Nach den Akten der Gestapo traf sich der Reusch-Kreis am 10. November 1943 auf Schloss Teutschenthal. Das Treffen fand in den Räumen des Erdgeschosses statt. Anwesend waren Carl Goedeler, Paul Reusch, Major a. D. Otto Schaumburg, Dr. Schröder und Carl Wentzel. Während des Treffens habe Carl Wentzel den Tod des Führers gewünscht. Es sei angemerkt, dass allein die mündliche Äußerung eines solchen Gedankens beim VGH mit dem Tode bestraft wurde. Die Anklagen beruhten meist auf Denunziationen.

Auch Carl Wentzel wurde Opfer einer solchen Anzeige. Außerdem fälschten die Nazis noch eine Unterschrift, um die Anwesenheit des Großagrariers in Berlin während des Hitler-Attentates zu beweisen. Die Ermittlungen der Geheimen Staatspolizei gegen Carl Wentzel waren aber schon lange vor dessen Verhaftung im Gange. Die Fäden zog dabei ein Schuldner von Carl Wentzel, jemand der in einem Pachtverhältnis zu ihm stand und der für die vorzeitige Wiedererlangung seines Gutes bereit war, über Leichen zu gehen. Dieser Mann, einer der schlimmsten Verbrecher der Nazi-Zeit, hieß Ludolf von Alvensleben. Sein Spitzname lautete *Bubi*. Er war einer der jungen Adligen, die sich frühzeitig für die NS-Bewegung engagierten. Überhaupt erreichten die Nazis vor allem die jüngere Generation, denn: „*Für die Mehrzahl der jungen Deutschen bedeutete der Nationalsozialismus nicht Diktatur, Redeverbot und Unterdrückung, sondern Freiheit und Abenteuer. Sie sahen darin eine Verlängerung der Jugendbewegung, ein körperliches und geistiges Anti-aging-Programm.*" (Aly 2005, S. 12)

Ludolf von Alvensleben, der seit November 1943 das Amt eines SS-Brigadeführers und Generalleutnants der Polizei ausführte, hatte seit Längerem versucht in enger Zusammenarbeit mit Heinrich Himmler, der Taufpate seines Sohnes Konrad von Alvenleben war, Maßnahmen zu ergreifen, um Carl Wentzel von dem ehemaligen Familiengut derer von Alvensleben zu vertreiben. Das Familiengut war Schochwitz. Die Vorfahren Ludolfs hatten Schochwitz einst langfristig an Johann Gottfried Boltze verpachtet. Der Pachtvertrag ging durch die Heirat der Ella von Zimmermann mit Carl Wentzel in dessen Hände über. Die lange geplante Aktion gegen den Teutschenthaler „Zuckerkönig" beweist ein Schreiben Himmlers vom 9. Juni 1943, also einige Monate vor dem Treffen des Reusch-Kreises auf Schloss Teutschenthal. Hubert Olbrich veröffentlichte das Dokument. Himmler schreibt hier an einen Herrn Greifelt: *„SS-Brigadeführer von Alvensleben wird sie in den nächsten Tagen besuchen. Aus bestimmten Gründen möchte ich sehr gern, daß die Hypothek, die der unrühmlichst bekannte Herr [...] Wentzel-Teutschenthal auf dem Familienbesitz Schlochwitz* [Schochwitz, F. B.] *der Familie von Alvensleben hat, möglichst bald abgelöst wird. Die Ablösung stelle ich mir durch die Hypothek irgendeiner uns nahe stehenden Landwirtschaftsbank oder sonstigen Geldinstitutionen zu gleichen Bedingungen vor.*" (Olbrich 1981, Dokument, S. 265)

Die Formulierung *der unrühmlichst bekannte Herr Wentzel-Teutschenthal* weist daraufhin, dass Carl Wentzel wohl seit einiger Zeit durch Systemkritik auffiel. Am 8. Juni 1943 bekräftigt Himmler im direkten Schriftverkehr mit Ludolf von Alvensleben, dass er sich freue, ihn in der finanziellen Lage zu sehen, *„[...] Ihr Familiengut Schlochwitz* [Schochwitz, F. B.] *als altererbten Familienbesitz finanziell zu sanieren und wieder voll und ganz in das Eigentum ihrer Sippe zu überführen.*" (Zitiert nach Olbrich 1981, Dokument S. 264)

Die Anklage vor dem VGH wegen Hochverrat entpuppt sich damit als willkommener Vorwand, einerseits den seit der Kriegswende systemuntreuen Großagrarier loszuwerden und andererseits einem Parteimitglied einen Gefallen zu tun. Im Urteil gegen Carl Wentzel steht die Formel, dass alles *Vermögen dem Reich verfällt*. Das Gut Schochwitz hatten die Drahtzieher des makabren Schauspiels schon vor Carl Wentzels Verhaftung vom Rest des Landbesitzes ausgeklammert.

Das Todesurteil gegen Carl Wentzel war nur folgrichtig. Im Prozess gegen den Reusch-Kreis wurde Carl Goerdeler ebenfalls zum Tode verurteilt. Während Otto Schaumburg eine Zuchthausstrafe erhielt, erfolgte gegenüber Dr. Schröder auf Etzdorf der Freispruch. Den Tod Wentzels konnten nicht einmal einflussreiche Freunde verhindern. Weder die zaghaften Versuche des Reichsministers für Justiz Dr. Thierack, der einen Aufschub in der Vollstreckung des Urteils erreichte, noch die Bemühungen des Felix Kersten, der finnische Hausarzt Himmlers, der es in vielen Situationen vermochte, Himmler zu Gnadenakten hinzureißen, waren von Erfolg gekrönt. Heinrich Himmler hielt sein Versprechen gegenüber Ludolf von Alvensleben. Seit Februar 1944 besaß Alvensleben auch direkten Zugang zu Hitler in seiner Funktion als *Höherer SS- und Polizeiführer und Führer des SS-Oberabschnitts Elbe.* Sein Einfluss war dementsprechend gewaltig, was das erfolglose Intervenieren einiger Personen zu Gunsten Carl Wentzels erklärt. Nach dem Fall des NS-Regimes konnte Alvensleben nach Argentinien fliehen.

Eine Würdigung Carl Wentzels als Gegner des Nazi-Staates erfolgte erst in den letzten Jahren. Er hatte sich in den 40er Jahren gegen Hitler und sein Terrorregime aufgelehnt, wenn auch nicht in vorderster Front, so hatte er doch gewaltigen Einfluss genommen. Die Straße, die zum Hotel Schloss Teutschenthal führt, heißt seit einigen Jahren Carl-Wentzel-Straße. Seit dem Jahr 2001 erinnert eine Gedenktafel in Brachwitz an seinem Geburtshaus an sein Wirken.

Mit den vor seinem Tod gesagten Worten „*Ich gehe unschuldig, aufrecht und in Liebe zu meiner Familie in den Tod*", die auch auf der genannten Gedenktafel angebracht sind, soll dieser außergewöhnliche Großgrundbesitzer, Unternehmer und konservative Widerständler gegen Hitler gewürdigt werden.

Spaziergang im Park von Schloss Teutschenthal

Der Park *(Abb. 59)*, der sich südlich an das Haus anschließt, geht in seiner heutigen Form auf die Umbauten Carl Wentzels in den Jahren von 1910 bis 1912 zurück, der den Park auf 23,5 Hektar bis zum Bach *Würde* vergrößerte. Vom Schloss Teutschenthal aus betrachtet, erhielt die Nord-Süd-Achse, auf der ein Spaziergang um das Wasserbecken möglich ist, eine architektonische Gliederung. Den westlichen Teil des Parks charakterisiert verschiedener Bewuchs, gemäß dem Konzept eines Landschaftsgartens. Eine moderne Untersuchung des Parks unternahm Steffi Breuer, an deren Ergebnissen sich die folgenden Ausführungen orientieren. Schreitet der Besucher über die Treppe von der Terrasse zum Park, fällt sofort ein Springbrunnen auf. Die Anlage zur Erzeugung eines Wasserlaufs in der Mitte ziert ein floraler Dekor. Der Weg zum südlichen sechssäuligen Pavillon um die Wasserbecken herum wurde auf einer dreifach nach Süden abfallenden Terrassierung angelegt. Östlich neben dem runden Springbrunnen hat sich eine Bronzeplastik erhalten. Es handelt sich um eine Tugendallegorie in griechischer Gewandung. Der Ölzweig und der nicht mehr vorhandene Ehrenkranz in den Händen der Figur lassen keinen Zweifel aufkommen, dass sie die Personifikation des *Friedens* darstellt. Inschriften auf der Plinthe geben Hinweise auf ihre Herkunft, nämlich *C. Starck 1922* sowie *Guss Heinze & Barth Berlin*.

Der Weg am Wasserbecken vorbei endet, wie das Wasserbecken selbst, in einem abgerundeten Abschluss. Der Pavillon definiert sich bei genauerem Hinsehen als architektonisches Kleinod: „*Dahinter erstreckt sich noch eine weitere Rasenfläche bis zu einem leicht erhöht stehenden runden, sechssäuligen Tempelchen, einem sogenannten Monopteros, dessen Kupferdach von einer Ananasfrucht gekrönt ist. Dieses Tempelchen bildet als ponit de vue den Abschluss der Blickachse.*“ (Breuer 2003, S. 309)

Das Tempelchen dient heute bei kulturellen Veranstaltungen des Hotels als eindrucksvolle Kulisse. Nordwestlich des kleinen Bauwerks führt der Weg zum landschaftlichen Teil des Parks. Eine kleine Tür im westlichen Zaun geleitet in den waldartigen Parkteil nach Süden zum Würdebach. Er endet bei der Grabstätte der Familie Wentzel.

Direkt am Weg zur Grabanlage steht eine Marmorfigur *(Abb. 60)*. Die Skulptur zeigt eine trauernde Frau. Die rechte Hand und Teile des Unterarmes fehlen. Sie trägt ein langes Gewand und auf dem Kopf eine Art florales Diadem. Ihr Blick ist nach unten gewandt. Die Plastik drückt eine stille würdevolle Trauer aus. Schon der Blick zum Familienbegräbnis genügt, um festzustellen, dass die Figur nicht ein Teil des ursprünglichen Ensembles der Grabstätte ist. Auf ihrer Fußplatte hat sich eine Inschrift erhalten: *H. Goetschmann, Berlin 1888 fec.* Sie gehört zur Ausstattung des Erbbegräbnisses, das im

Zuge des Baus von Schloss und Park zwischen 1883 und 1885 entstand. In diesem Mausoleum fanden Friedrich Philipp Carl Ludwig Wentzel und seine jung verstorbene Gattin ihre letzte Ruhe. Von diesem Grabmal ist außer der Marmorskulptur nichts mehr erhalten.

Die Planung des neuen Familienbegräbnisses *(Abb. 61)* oblag dem Berliner Architekten Walter Lehweß (1875–1945). Die Errichtung der Grabstätte erfolgte 1922/23. Treppen führen zur Anlage hinauf. Der Stil des Grabmals ist modern. Das Baumaterial, nämlich Sandstein, weist trotzdem auf ein traditionsbewusstes Bauen hin. Gerade in den 20er Jahren tobte eine scharfe Diskussion um den Einsatz von Naturstein und Kunststein, wie Beton. Seit der Jahrhundertwende begannen Kulturkonservative die Verwendung von verschiedenen Steinen völkisch zu überhöhen. Der Kunststein als seelenlose Konfektionsware widerstrebe dem deutschen Bewusstsein: „*Kunststein und Naturstein bilden ein Spannungsfeld, in dem sich zentrale ideologische Kontroversen der Zwischenkriegszeit spiegeln. Die Diskussion um das Material von Grabmälern war stets verschränkt mit den Auseinandersetzungen zwischen künstlich und natürlich, international und autochthon, Stadt und Land, Moderne und Tradition, Maschine und Mensch, Industrie und Handwerk.*“ (Fuhrmeister 2001, S. 96)

Insofern spiegelt die Verwendung von Sandstein beim Familienbegräbnis der Wentzels etwas von der konservativen Haltung sowohl des Bauherrn, als auch des Architekten wider. Lehweß strukturierte die Anlage durch eine lange Mittelfront von der zwei kürzere Flügel abgehen. Zwölf Pfeiler lagern auf einem massiven Unterbau. Die Pfeiler sind reliefartig mit floralen Elementen dekoriert. Zuckerrüben, Getreide und Wein stellen einen Bezug zu den wirtschaftlichen Unternehmungen der Wentzels her. Die Familienwappen der Wentzels *(Abb. 58)* und derer von Zimmermann *(Abb. 62)* mit Helmzier schmücken die Stirnseiten der Flügel.

Sechs Grabplatten aus rotem Sandstein wurden am Unterbau angebracht. Die Inschriften sind kaum lesbar. Nach Steffi Breuer ruhen von links nach rechts hier:

Emma Sophie Margarethe Wentzel,
geb. Becker (gest. 1885)
Friedrich Philipp Karl Ludwig Wentzel (gest. 1907)
Anna Wentzel, geb. Albrecht (gest. 1919)
Katharina Guischard, geb. Wentzel (gest. 1937)
Johanna Marianne von Wentzel (gest. 1936)
Richard Adam von Wentzel (gest. 1916)

Es ist anzunehmen, dass die vor 1922/23 verstorbenen Personen aus der alten Familiengrabstätte umgebettet wurden. Zu DDR-Zeiten erfolgte eine weitere Umbettung, nämlich zum Rand des Friedhofs.

Auf den Pfeilern lagert ein Gebälk mit Wellenornamentik sowie einer Inschrift:

WIR HABEN HIER KEINE BLEIBENDE STATT,
SONDERN DIE ZUKÜNFTIGE SUCHEN WIR.
HEBR. 13, 14.

Das Familienbegräbnis kann in seiner Ausführung als eine moderne Interpretation eines klassischen Vorbildes gelten – des Erichtheons von Athen. Die klassischen Säulen der dortigen Säulenwand ersetzte Lehweß durch

Pfeiler. Die Grundstruktur mit zwei abgehenden Flügeln behielt er bei.

Der Grabarchitektur ist mittig eine Sandsteinplastik vorgelagert. *(Abb. 64)* Ein junger stehender Mann mit freiem muskulösem Oberkörper steht vor einem älteren sitzenden Mann. Der Jüngere reicht seine Rechte dem Sitzenden, während er mit der Linken ein vor ihm stehendes Ährenbündel berührt. Der alte bärtige Mann gibt mit der Rechten dem Jüngeren die Hand. Die Linke ergreift den Oberarm des jungen Mannes. Die Gruppe handelt von der Thematik des Generationenwechsels. Der nun ruhende alte Mann - was durch das Sitzen ausgedrückt wird - übergibt sein Lebenswerk und die Verantwortung der jungen kraftvollen Generation. Die Ausführung des jungen Mannes lässt ein verbrämtes Menschenbild erkennen, dass seine Höhepunkt im Dritten Reich hatte. Insgesamt kann die Skulptur aus Muschelkalk nicht als künstlerisches Meisterwerk gewertet werden, dafür aber als interessantes Zeitdokument. Eine Sockelinschrift mit einem Zitat aus Goethes Faust I (Verse 682 f.) verdeutlicht noch einmal den geistigen Hintergrund der Figurengruppe:

WAS DU ERERBT VON DEINEN VÄTERN HAST,
ERWIRB ES, UM ES ZU BESITZEN.

Das Schloss Teutschenthal und sein Umfeld ist ein historisch brisantes Ensemble dessen Besuch höchst empfehlenswert ist. *(Abb. 65)*

Von Teutschenthal nach Salzmünde

Zwischen Zucker und Wein – Langenbogen und Höhnstedt

Der günstigste Weg nach Schochwitz zu gelangen ist derjenige über Langenbogen und Höhnstedt. Zugleich bietet er einige interessante historische Orte.

Langenbogen war der Standort der 1848 von Carl Emil Wentzel gegründeten Zuckerfabrik. In der DDR nutzte das VEB-Zuckerkombinat *Vorwärts* das Areal. Der in Langenbogen hergestellte Rohzucker wurde zur Weiterverarbeitung in die Zuckerraffinerie Halle transportiert. Auch Erich Neuß erwanderte den Ort, dessen Kirche in den letzten Jahren umfassend saniert wurde. Ein niederes Dienstadelsgeschlecht, die Herren von Langenbogen, residierte im Hochmittelalter auf Langenbogen. In der Regierungszeit des Erzbischofs Ludolf von Magdeburg (1192–1205) fiel der Ort an das Erzbistum. Eine erzbischöfliche Burg existierte im Ort. Sie erlitt dasselbe Schicksal, wie der Stammsitz derer von Trotha: *„Endlich wurde die Burg Langenbogen in den landesverwüstenden Fehden der Stadt Halle mit dem Erzbischof Günther, vielleicht um die gleiche Zeit wie Schloß Friedeburg (1433) von den Hallensern unter ihrem Feldhauptmann Strobart eingenommen und zerstört.“* (Neuß 1999, Bd. 1, S. 144)

Langenbogen besaß noch in der Frühen Neuzeit einen guten Ruf wegen seines reichen Fischteiches. Das Wirken der Familie Wentzel veränderte nachhaltig den Ort. Über Heinrich Moritz Carl Wentzel (1790–1856) und dessen Sohn Carl Emil Wentzel schrieb Erich Neuß: *„Hier wohnten sie vorzugsweise und versammelten gerne* *bedeutende Menschen um sich, der Vater ein Original, der Sohn schöpferisch als Landwirt wie als Kaufmann. Liebte es der eine, die erbittersten Fehden mit der Regierung in Merseburg durchzukämpfen und dieser hohen Behörde – unwidersprochen – gelegentlich zu sagen, dass dort die Lügen so wohlfeil wären wie die Kiesel im Bache, so ließ der andere Regierung Regierung sein, erforschte lieber die Runkelrübe und ihre gar nicht so geheimnislose Natur, gründete Zuckerfabriken, kaufte Kohlengruben, verpflichtete sich die besten Mitarbeiter weit und breit und kam schließlich im Leben sehr voran.*" (Neuß 1999, Bd. 1, S. 148)

Der Weg nach Höhnstedt ist bei gutem Wetter eine Besonderheit. Von Frühjahr bis Herbst wird der Reisende, wenn er die Landschaft auf sich wirken lässt, zwangsläufig an wärmere Gefilde Europas erinnert. Wahrlich der Ort mit seinen Weinbergen könnte in der Toskana liegen. Höhnstedt ist als Weinanbaugebiet weithin bekannt. Seit dem 13. Jahrhundert kann der Weinbau belegt werden. Die Klöster vermittelten die Kunst des Weinanbaus. Vor allem der Orden der Zisterzienser erwarb sich große Verdienste um die Kultivierung von Wein. Doch auch der Aprikosenanbau hat in Höhnstedt und seiner Umgebung eine lange Tradition. Cyriacus Spangenberg, der Chronist der Grafschaft Mansfeld, berichtete über ihre weite Verbreitung in der Region. Höhnstedt sowie die kleine südwestlich gelegene Ortschaft Rollsdorf galten als Wein- und Aprikosendörfer. Die Aprikose war vorwiegend eine Gartenfrucht, bis Ende des 19. bzw. Anfang des 20. Jahrhunderts der landwirtschaftliche Anbau gesteigert wurde. Natürlich hat Höhnstedt vor allem der Weinbau geprägt. Erich Neuß beklagte bei seiner Beschreibung von Höhnstedt, dass die Weinbauern zu lange an alten Rebsorten, wie dem Elbling, festhielten. Sie unterließen eine notwendige Sortenauffrischung. Des Weiteren sorgte die Verlandung des *Salzigen Sees* nach der Meinung der Ansässigen für eine negative Veränderung des Mikroklimas. Erst in den 20er Jahren des 20. Jahrhunderts erhielt der Weinanbau einen neuen Auftrieb: *„Deshalb und weil man in den, übrigens auf reblausfesten Unterlagen veredelten Sorten Weißer Burgunder, Sylvaner, Gutedel und Riesling einen trefflich Ersatz für den überständigen Elbling schuf, ist die Lust am Weinbau wieder aufgelebt und es sind alte Weinberge wieder unter Kultur, bestehende durch Neuanpflanzungen verjüngt worden.“* (Neuß, Bd. 1, 1999, S. 251)

Aktuell bewirtschaften die Obstproduktion Höhnstedt e. G., 95 Nebenerwerbswinzer sowie drei Weingüter eine Rebfläche von etwa 65 Hektar. Insgesamt werden 15 Rebsorten angebaut, darunter Müller-Thurgau, Silvaner, Portugieser und Spätburgunder.

Erich Neuß testete einst in Rollsdorf bei seiner Wanderung den Landwein aus Höhnstedt, welcher damals von einigen nicht gerade mit Lob gesegnet wurde: *„Wir ließen uns ‚Höhenstedter Naturweißwein‘ bringen. […] Er war trinkbar, schmeckte zu einer Kante trockenen Brotes vortrefflich, war aber schwer. Wir wagten nicht zu entscheiden, ob der Naturweiße auch ein Naturreiner war, wir fanden ihn jedenfalls für Höhnstedter Lagen sehr feurig, erinnerten uns an aber auch der Worte Dreyhaupts (1750), dass selbst die Saalweine in guten Jahren eines gewissen Feuers nicht entbehrten.“* (Neuß 1999, Bd. 1, S. 253)

Aus Höhnstedt entstammt auch ein bis in das 18. Jahrhundert wirkendes Adelsgeschlecht. Die Herren von Höhenstedt besaßen im Ort, wo sie bis 1443 residierten, ein Rittergut. Letzteres befand sich zur Zeit der Wanderungen von Erich Neuß im Besitz der Familie Wentzel-Teutschenthal. Drei Kirchen prägten ursprünglich den Ort, nämlich St. Peter, St. Johannes und eine Marienkirche. Letztere ersetzte die zwischen 1830 und 1832 neu errichtete Kirche St. Lucien und Ottilien, die mit ihren neogotischen Formen durchaus einen Besuch lohnt.

Nicht weit von Höhnstedt entfernt, auf dem Weg nach Schochwitz, befindet sich die *Boltzenhöhe. (Abb. 66)* Es handelt sich um einen der ehemaligen Wirtschaftshöfe der Unternehmungen von Johann Gottfried Boltze. Der Name *Boltzenhöhe* verweist auf den Ursprung der Anlage. Der Wirtschafthof wurde 1867 errichtet, um die Äcker in der Umgebung einer effektiveren Nutzung zuzuführen. Längst sind diese Zeiten vergangen. Der Hof ist mehr und mehr dem Verfall preisgegeben.

Ein wenig weiter von der *Boltzenhöhe* in nordöstlicher Richtung liegt an der Straße der kleine Ort Krimpe. Hinter dem Ort bietet sich der Blick über das Laweketal von dessen natürlicher Schönheit Erich Neuß so schwärmte: „*Wir waren, so oft wir das stattliche Dorf Schochwitz besuchten, immer wieder aufs tiefste berührt von der Lieblichkeit, zu der sich das Landschaftsbild des Laweketals hier erhebt. Zu allen Jahreszeiten!*“ (Neuß 1999, Bd. 2, S. 29)

Das Familiengut derer von Alvensleben in Schochwitz

Der eindrucksvolle Bau von Schloss Schochwitz *(Abb. 67)* geht auf Levin VII. von der Schulenburg zurück. Die starke Mauerung und der Wendelturm fallen dem Betrachter sofort auf. Solche massiven Bauten besaßen zwar keinen vordergründigen Wehrcharakter, aber der Graben und die Art der Ausführung des Schlosses erfüllten durchaus eine gewisse Schutzfunktion. Des Weiteren prägen auf Konsolen gestellte Runderker die Außenfassade des Gebäudes. Letztere sind ein Nachklang der Gotik. Das Portal wird von einem Eisentor ausgefüllt, das nicht zum originalen Baubestand zählt. *(Abb. 68)* Eiserne Ritterkreuze zieren das Portal sowie zwei Wappen. Die Kreuze weisen auf den militärischen Hintergrund der Besitzer des Schlosses hin. Seit 1783 besaß die Familie von Alvensleben das Haus. Landrat Gebhard von Alvensleben hatte es erworben. Dessen Söhne, Enkel und Urenkel dienten als preußische Offiziere. Aufgrund ihrer dienstlichen Verpflichtungen war es ihnen unmöglich Landwirtschaft zu betreiben oder das Haus samt Gut in Stand zu halten. Hermann Karl Rudolf von Alvensleben verpachtete Schochwitz deshalb an Johann Gottfried Boltze. Dieser Pachtvertrag war es, der Carl Wentzel schließlich zum Verhängnis wurde. Ludolf von Alvensleben wollte dieses Gut mit dem Gebäude wieder zurückhaben. Dafür ging er über Leichen. Das Wappen mit den drei Rosen, den Alvenslebischen Rosen, zeugt von den ehemaligen Besitzern des Hauses. *(Abb. 68)*

Der Hof des Hauses wird vom Wendelstein mit Welscher Haube geprägt. Der Zugang zu dem insgesamt überaus großzügig geplanten Hof erfolgt durch ein Sitznischenportal. *(Abb. 69)* Schloss Schochwitz stellt eine Art Bindeglied zwischen zwei Familiengeschichten dar. Johann Gottfried Boltze pachtete Schochwitz, um seine landwirtschaftlichen Unternehmungen zu vergrößern. Das Gut gelangte durch den Erbpachtvertrag, der bis 1951 lief, in den Besitz von Carl Wentzel. So wurde Schochwitz – durch das Ziel Ludolfs von Alvensleben den Pachtvertrag für das Schloss Schochwitz und seine angegliederten Besitzungen zu lösen – letztlich zu seinem Schicksal.

Salzmünde

Die verstoßene Frau und das Bier

Unmittelbar an der Fernverkehrsstraße in Richtung Halle befindet sich rechter Hand direkt am Ortseingang der Bierhügel. *(Abb. 70)* Die kleine Erhebung ist eigentlich ein neolithischer Grabhügel (4 100–2 200 v. Chr.). Die Hinweistafel des Landesamtes für Archäologie gibt an, dass bisher an dem Hügel keine archäologischen Untersuchungen aus Rücksicht auf den Stifter des Denkmals auf dem Bierhügel durchgeführt wurden. Auf dem Hügel steht ein steinerner Gedenkstein. Die Inschriften der vier Seiten sind weitestgehend verblasst. Erich Neuß bewahrte sie in seinem zweiten Band der *Wanderungen durch die Grafschaft Mansfeld*:

> *Der Pfalz- und Landgräfin von Thüringen, Elisabeth der Heiligen, der ungarischen Königstochter, die dankbaren Gemeinden Goedewitz und Salzmünde.*
>
> *Sie beglückte benachbarte Ortschaften mit großen Wohltaten, die im Munde des Volkes unvergessen bleiben, und stiftete am Himmelfahrtstage 1222 auf dieser Stätte eine Festfeier zur Erinnerung an die ihr bezeigte Liebe und Verehrung.*
>
> *Die Stätte, die ein guter Mensch betrat, ist geweiht; nach Jahrhunderten klingt sein Wort und seine That von Enkeln wieder.*

Seelig, wer zu goldnen Saaten hier den Saamen ausgestreut, Seelig, wer nur edlen Thaten seine Lebenstage weiht, Dessen Stern wird nie vergehn, sein Gedächtnis fortbestehn. (Neuß 1999, 2. Bd., S. 131)

Die Inschrift bezieht sich auf eine frühere Tradition. Der Bierhügel erinnert an eine alte Geschichte, zu deren Andenken seit Jahrhunderten zu Himmelfahrt ein Fest gefeiert wurde. Deshalb bezeichnete der Volksmund Salzmünde, wie auch ursprünglich Gödewitz, Fienstedt und Trebitz, später auch Krimpe, Gorsleben sowie Zörnitz, als Himmelfahrts- oder Bierdorf. Johann Gottfried Boltze war es, der für den alten Brauch den Gedenkstein stiftete. Seit 1864 fand das Fest wieder statt. Boltze setzte in seinem Testament fest, dass die Feierlichkeiten auch in Zukunft gepflegt werden sollen. Für den Erhalt der Stätte gab er noch einmal 1 000 Taler.

Cyriakus Spangenberg überlieferte, dass die vier Dörfer Schochwitz, Fienstedt, Trebitz und Gorsleben keinen Zehnten an die Grafen von Mansfeld entrichteten. Der Grund hierfür liege in der 1449 geschlossenen Ehe des Grafen Bernhardt von Regenstein mit der Tochter des Grafen Gebhardt XI. von Mansfeld. Ihr Name lautete Elisabeth. Ihr Bruder Gebhardt XII. von Mansfeld konnte das Ehegeld nicht aufbringen. Elisabeth trat mit einem Vorschlag an ihren Bruder heran, dass sie bereit wäre auf eine Zahlung zu verzichten, wenn er den genannten vier Dörfern den Zehnten erlässt. Eine Bedingung trug sie aber vor, nämlich „*[…] daß alle Hauswirte und Hauswirtin (nen) in gemelten vier Dörfern jährlich zum Gedechtnis dieser Freiheit auf den Tag der Himmelfahrt*

Christi etlich Bier bey der Gemeine Brunnen bringen und daselbst austrinken und auch alle Frembden, die denselben Tag durchwanderten, zur Dankbarkeit mit Essen und Trinken freyhalten sollten." (Neuß 1999, Bd. 2, S. 132)

Es existieren mehrere Fassungen von den Ereignissen, wobei die gerade zitierte schon deutlich anekdotenhafte Züge aufweist. Der tatsächliche historische Kern kann nicht mehr genau rekonstruiert werden. Tatsächlich ist der Name Elisabeth für weibliche Mitglieder der Familie der Mansfelder Grafen nicht unüblich. Erich Neuß vermutete, dass vielleicht eine Elisabeth aus dem Hause Mansfeld alte Freiheiten der Dörfer bestätigte, die sie unter der Herrschaft Friedeburg besessen hatten und mit dem Fall der Friedeburger Herrschaft an die Grafen von Mansfeld einer Erneuerung bedurften. Der Volksmund schmückte die günstige Bestätigung dementsprechend aus.

In einer anderen Variante der Geschichte verstößt ein Mansfelder Graf seine Frau unter dem Vorwurf der Untreue. Mittellos streifte sie in der Grafschaft umher, bis sie Aufnahme in der Gegend der Bierdörfer fand. Der Graf erkannte aber seinen Irrtum. Seine Frau kehrte zu ihm zurück. Den fünf Dörfern erließ er aus Dank den Zehnten. Des Weiteren veranlasste er zu Himmelfahrt ein Fest zu feiern, wobei eine Tonne Bier auszutrinken sei.

Die romantischste Fassung der Geschehnisse liefert die Geschichte, auf die auch der Gedenkstein auf dem Bierhügel Bezug nimmt. Elisabeth die Heilige agiert als Hauptakteurin in dieser Fassung. Sie wird von dem Bruder des Landgrafen von Thüringen verstoßen, weil ihr Gemahl nicht aus dem Krieg zurückkehrte. Elisabeth von Thüringen und ihre Amme Gertrud irrten wie die mansfeldische Elisabeth der anderen Variante durch das Gebiet der Bierdörfer. Sie fanden Aufnahme beim *alten Hans*. Dort weilten sie bis zum nächsten Himmelfahrtstag. Elisabeth, von Liebeskummer gequält, hoffte jeden Tag auf die Rückkehr ihres Mannes. An diesem Tag zog sie mit Bauern aus Zörnewitz, Fienstedt, Gödewitz und Krimpe auf einen Berg. Auf einmal hörten sie Pferde sowie das Klirren von Waffen – der Landgraf kehrte heim. Sofort fallen sich beide in die Arme. Der Fürst bestimmte, dass zum Gedenken an diesen Tag die betreffenden Dörfer ein Fest feiern sollen. Das Bier für die gemeinschaftliche Feier habe die Brauerei in Mansfeld auf Kosten des dortigen Edelmannes zu stellen. Jeder Fremde sei kostenlos zu bewirten.

Erich Neuß beschrieb den Ablauf der Feiern zu seiner Zeit. Salzmünde und Gödewitz tragen die Feier zu Himmelfahrt am Bierhügel nach dem Vermächtnis des J. G. Boltze gemeinsam aus. In Fienstedt feierten die Einwohner am Gemeindebrunnen bei den Bauernsteinen. Musik, Umzüge und feierliches Verlesen von Urkunden, welche die Gründe der Zehntfreiheit zum Inhalt hatten, bestimmten den Tagesablauf. Neuß berichtet von einem interessanten neuen Brauch am Bierhügel: „*Am Bierhügel werden neuerdings die Männer und Buben, die zum ersten Male zum Himmelfahrtsbier erscheinen, auf den Stufen des Denksteins ‚gestaucht‘. Man denkt dabei an die bis ins vorige Jahrhundert gepflogenen Flurumgänge, bei denen die männliche Jugend als die künftigen Bauern auf die Grenzsteine gestaucht wurden oder alleweile eine derbe Kopfnuß versetzt bekamen, damit sie die Stätte der Flursteine nimmer vergäßen.*“ (Neuß 1999, Bd. 2, S. 137)

Auch heute wird das Bierhügelfest noch gefeiert. Der Besuch des Bierhügels ist natürlich auch für viele männliche Wanderer am Himmelfahrtstag eine beliebte Stätte für einen gepflegten Umtrunk.

Das Familiengrabmal

Zuerst sei angemerkt, dass es nicht ganz korrekt ist vom Erbbegräbnis der Familie Boltze zu sprechen, denn das umzäunte Areal beherbergt zwei Familiengrabstätten. Die Familien Boltze und Zimmermann fanden hier ihre letzte Ruhe. Die umgestürzten schwarzen polierten Granitgrabsteine im Bereich der Grabstätte weisen auf die Gräber der Familie Zimmermann hin.

Den auffälligsten Teil der Grabanlage bildet das Begräbnis des Ehepaares Johann Gottfried Boltze und Ida Bertha Boltze (1810–1868). *(Abb. 71)* Die Eheschließung der beiden erfolgte im Jahr 1829. Sie war die Tochter des Salzmünder Mühlenbesitzers Kamprad.

Walter Müller beschäftigte sich auf einer Konferenz im Juni 2002 in Salzmünde intensiv mit dem Grabdenkmal. Er hob hervor, dass das Erbbegräbnis „*[…] zweifelsfrei ein Denkmal der Friedhofsarchitektur von überregionaler künstlerischer Bedeutung darstellt.*" (Müller 2004, S. 113) Der Schöpfer des Denkmals war der Berliner Bildhauer Fritz Schaper (1841–1919). In Halle erhielten sich seine Büsten von Robert Franz sowie die des Christian Thomasius im Löwengebäude. Die Grabstätte der Familie Boltze entstammt der frühen Schaffensperiode des Künstlers. Der Kontakt zwischen Fritz Schaper und den Auftraggebern in Salzmünde könnte durch den halleschen Bankier Lehmann zustande gekommen sein. Lehmann und J. G. Boltze waren verschwägert. Des Weiteren hatten beide engen geschäftlichen Kontakt. Das Bankhaus Lehmann agierte als Hausbank der Boltzeschen Unternehmung. Lehmann besaß zudem einige Werke Schapers, wie die gipserne Ariadne-Gruppe (1865/66).

Fritz Schaper – Der vergessene Schöpfer des Grabmals

Fritz Schaper stammt aus Alsleben an der Saale. Nach dem Besuch der Realschule der Franckeschen Stiftungen zu Halle, erlernte er in der Saalestadt das Handwerk der Steinmetze. Schaper ging 1859 nach Berlin zu Albert Wolff und zur Königlichen Akademie. Er entwickelte sich zu einem der bedeutendsten Künstler des Kaiserreiches und wirkte in einigen Kunstakademien, so in Berlin, München und Dresden: *„Zu seinen bekanntesten Werken gehören das 1879 geschaffene Bronzebild Bismarcks in Köln, das Denkmal des Mathematikers Gauß in Braunschweig (1880), das Moltkedenkmal in Köln (1881), das Lutherdenkmal in Erfurt (1889), das Denkmal Alfred Krupps für Essen (1889) sowie die Kolossalfigur der Viktoria für die Ruhmeshalle des Berliner Zeughauses nebst den beiden Begleitfiguren Treue und Begeisterung (1885).“* (Müller 2004, S. 106)

Das Grabmal selbst lehnt sich mit seiner zweiflügeligen Säulenwand stilistisch an das Erechtheion in Athen an. Der Stil ist demnach griechisch geprägt. Auf dem massiven Unterbau stehen dorische Säulen, die ein Gebälk tragen. Den Mittelteil des Grabmals umschließen zwei Frauengestalten. Sie fungieren als Gebälkträgerinnen und weisen zudem allegorischen Charakter auf. Karyatiden entsprechen in der Architektur den männlichen Atlanten, wie sie am Riesenhaus des Friedrich Madeweis Verwendung fanden. Beide Frauengestalten tragen ein langes Gewand. Sie unterscheiden sich aber in ihrer Ausführung deutlich. Während die Gesichtszüge der rechten ein fortgeschrittenes Alter vermuten lassen, präsentiert sich die linke in jugendlicher Blüte. Die rechte Figur greift mit der linken Hand an ihr Gewand. Sie besitzt eine Kopfbedeckung in Form eines geschlungenen Tuches. In der heute fehlenden herabhängenden rechten Hand hielt sie ursprünglich zwei Fackeln. Sie symbolisieren die Lebensflammen, die bei J. G. Boltze und dessen Gemahlin fast gleichzeitig erloschen.

Walter Müller ergänzt in der fehlenden Hand der jüngeren Frauendarstellung eine sich öffnende Lotusblume. Diese steht in der Kunst für Reinheit, Schöpfung und Wiedergeburt. Die linke Karyatide versinnbildlicht demzufolge das ewige Leben. Die beiden Gebälkträgerinnen rahmen eine schwarze Granitplatte ein. Sie wird heute charakterisiert durch eine runde Fehlstelle in der Mitte. Dort befand sich einst ein Reliefmedaillon aus weißem Marmor mit einer Porträtdarstellung des verstorbenen Ehepaars im Profil. Aufgrund der Tatsache, dass kein Foto den Zustand des Grabmals vor 1945 dokumentiert, existiert von dem Marmorrelief nur eine einzige Skizze.

Der Maler Walther Moebius (1902–1979), der Erich Neuß bei seinen Wanderungen im Seegau begleitete und zum Sittichenbacher Freundeskreis des Regionalhistorikers gehörte, fertigte sie für den zweiten Band der *Wanderungen durch die Grafschaft Mansfeld* an. (Neuß 1999, Bd. 2, S. 102) Unter dem Relief befinden sich zwei Inschriften. Die Sprüche auf dem schwarzen Granit lauten:

> DIE TAT IST STUMM
>
> SELIG SIND DIE TOTEN, DIE IN DEM
> HERREN STARBEN, SIE RUHEN VON
> IHRER ARBEIT, DENN IHRE WERKE
> FOLGEN IHNEN NACH

Besonders der erste Spruch deutet auf die Bescheidenheit hin, die J.G. Boltze trotz seiner Erfolge auszeichnete. Es soll ein Lebensmotto des Salzmünder Großgrundbesitzers gewesen sein. Vor dem Mittelteil der Grabanlage weisen zwei Marmorplatten auf die Bestatteten in der Gruft.

Das eindrucksvolle Grabdenkmal geht in seiner Planung auf Fritz Schaper zurück. Die Ausführung lag jedoch in mehreren Händen: „*Die Bauausführung vor Ort dürfte sicherlich durch eine Steinmetzfirma aus der Umgebung erfolgt sein. Lediglich die beiden Gebälkträgerinnen sowie das weiße – derzeitig vermisste – Marmorreliefmedaillon sind als Werkstattarbeiten von Fritz Schaper anzusprechen.*“ (Müller 2004, S. 113)

Rechts vom Grabmal J.G. Boltzes befindet sich die Ruhestätte seiner Eltern. Diese markiert ein neogotisches Grabmal aus Sandstein. Johann Gottfried Boltze und sein Bruder Friedrich errichteten den Gedenkstein im Jahr 1852. In den Spitzbögen des Steines wurden unterschiedliche Formen von Maßwerk ausgeführt, wie Kreissegmente oder Vierpässe. Die ursprünglich mit Blattgold ausgelegten Inschriften des Steines lauten:

Maria Dorothea Boltze geb. Beuschel
geb. zu Beesenstedt am 5.3.1775
gest. zu Salzmünde am 27.9.1849
Dem Andenken ihrer theuern Eltern
Weihen dieses Denkmal die dankbaren Söhne. 1852

Johann Gottfried Boltze
geb. zu Goedewitz am 8.2. 1780
gest. zu Salzmünde am 24.12. 1818

Der Kinder Ehre sind ihre Eltern
Spr. Sal. 17,6.

Der Vater besaß den gleichen Namen wie der Sohn. Johann Gottfried Boltze senior erbte von seinem Vater, der unter Friedrich dem Großen gedient hatte, einen Hof in Salzmünde und etwas Land in Gödewitz. J. G. Boltze senior leistete seinen Militärdienst im Regiment Anhalt. Ein Schießunfall raubte ihm das Gehör und verstümmelte eine Hand. Er kaufte im Jahr 1805 den Gasthof in Salzmünde, den Vorgängerbau des heute noch erhaltenen Hauses. In Salzmünde übte er das Amt des Gerichtsschöppen aus. Trotz seiner schwierigen finanziellen Lage gelang es ihm, die Grundlagen für die Unternehmungen seines Sohnes zu legen. Er sorgte über seinen Tod hinaus für die schulische Ausbildung von J. G. Boltze junior und er erwarb eine Braunkohlengrube bei Köllme, *„[…] und förderte Kohle und Ton, Kohle von der weichen, erdigen, solange verkannten Art, deren Geheimnis sich gerade erschloß, und jenen blaugrauen Ton, der im Feuer zu einer unzerstörbaren festen Masse erhärtet und danach als Muffel und Kapelle den Hitzegraden widersteht, die nötig sind, kostbares Porzellan zu brennen.“* (Neuß, Bd. 2, S. 99)

Links von dem Begräbnis des Ehepaares Boltze weisen nur noch ein Sockel und eine umgestürzte Platte auf das Grab der Mutter von Ida Bertha Boltze hin. Erich Neuß fand die Grabstätte der Carolin Leopoldine Kamprad, geb. Bach (1792–1835) noch in einem besseren Zustand vor. Neuß überlieferte die Inschriften. Walter Müller korrigierte die Lesart jüngst. Er veröffentlichte zudem den vollständigen Wortlaut der Inschriften.

Der Bruder J. G. Boltzes, Friedrich (1807–1885) fand auf dem Salzmünder Friedhof zusammen mit seiner Frau Henriette (1816–1870) ebenfalls seine Ruhestätte. Henriette war die jüngere Schwester von Ida Bertha. Friedrich Boltze scheint nach den Urteilen in der zeitgenössischen Literatur so etwas wie der gute Geist der Unternehmungen gewesen zu sein mit einem offenen Ohr für alle Probleme.

Das Begräbnis der Familie Zimmermann ist dem Erbbegräbnis der Boltzes vorgelagert. Die Zimmermanns führten nach dem Tod die Betriebe von J. G. Boltze weiter, bis diese durch die Heirat von Ella von Zimmermann mit Carl Wentzel später in dessen Unternehmungen aufgingen. Die Grabsteine sind umgestürzt, so dass eine heutige Lesung der Inschriften auf den Steinen schwierig ist.

Leopold August Julius Zimmermann (1826–1875) hatte die Tochter J. G. Boltzes Auguste Emilie Ida (1829–1905) geheiratet. J. G. Boltze übertrug ihm bereits in den 1850er Jahren die Leitung seiner Unternehmungen. Der Schwiegersohn war seitdem nicht nur der Hauptansprechpartner der Arbeiter, sondern auch des Hauptinspektors der sechs weiteren Inspektoren, der zwölf Verwalter, der zwanzig Aufseher und der neun Lomptoirarbeiter.

Leopold Julius August von Zimmermann (1849–1913) wurde im Jahr 1900 in den erblichen Adelsstand erhoben. Er führte die Unternehmungen bis zu seinem Tod 1913. Julius August trat zweimal vor den Traualtar. Seine Ehefrauen Clara Luise Anna von Zimmermann, geb. Kühne (1856–1907) und Mary Barbara von Zimmermann, geb. Weichselgartner (1872–1911) ruhen neben ihm. Er scheint beliebter als sein Vater gewesen zu sein, wenn man den Augenzeugen glaubt, die Neuß noch während seiner Wanderungen antraf: „*War sein Vater eine Herrschernatur, herrisch oft, wenn auch ein durch und durch vornehmer Mann und ebenso streng wie rechtlich, so war der Sohn einfach in seinen Ansprüchen, menschlich gegen seine Leute. Geht man heute noch durch Schiepzig, Benkendorf und Salzmünde und fragt man ältere Dörfler nach dem ‚Herrn Amtsrat', so verklären sich die Züge noch in der Erinnerung an manche Leutseligkeit und bewiesene Guttat des milden Mannes.*" (Neuß 1999, Bd. 2, S. 122)

Der einzige Sohn des *Herrn Amtsrat* starb 1915 an einer Kriegsverletzung. Der Tod des Leutnants, dessen Grab ein Preußenkreuz zierte, machte Ella Wentzel zur Alleinerbin. Leopold August Julius von Zimmermann (1887–1915) war der letzte Bestattete innerhalb der Familiengrabanlage. Die Nachkommen nutzten nun das Erbbegräbnis im Park von Teutschenthal.

Das Wirken von Johann Gottfried Boltze in Salzmünde

Den Platz am Schlossberg bestimmen die Gebäude, die auf Johann Gottfried Boltze zurückgehen. Der Gasthof *Fortuna* blickt auf eine lange Tradition zurück. *(Abb. 72)* An dieser Stelle befand sich schon immer die Dorfschenke. Hier wurde auch Gericht gehalten. Belegt sind zwei Rügegerichte im Jahr 1562. Zur Zeit des Wirkens von Johann Gottfried Boltze entwickelte sich der Gasthof zu einer Unterkunft und zu einem Treffpunkt von Landwirten, Agrariern, Volontären und Interessierten.

Ihr Ziel bestand darin, die vorbildlichen Unternehmungen Boltzes zu studieren. Das Gästebuch des Gasthofes beinhaltet Eintragungen in vierzehn Sprachen. Salzmünde besaß weltweite Aufmerksamkeit. Ein Beispiel hierfür ist das Königsmanöver von 1865. J. G. Boltze empfing dabei den späteren Kaiser Wilhelm I. und seine Gemahlin Auguste Viktoria (1858–1921). Die Mutter Auguste Viktorias war Königin Victoria (1819–1901) von England. Sie selbst hatte ihre Kinder ausdrücklich angewiesen Salzmünde zu besuchen. Der mittlerweile restaurierte Gasthof besteht heute noch. Ein Blickfang ist die hölzerne Galerie. Sie gehört allerdings nicht zur originalen Bausubstanz. Es handelt sich um eine spätere Erweiterung für den Durchgang vom Gasthof zum Nachbarhaus am Ende des 19. Jahrhunderts.

In direkter Nähe zum Platz ließ J. G. Boltze um 1850 sein Wohnhaus errichten. *(Abb. 73)* Der maßvolle Stil beschreibt wohl den bescheidenen Charakter des Unternehmers. Als Hubert Grouven den Plan fasste, ein Buch über Salzmünde zu verfassen, soll J. G. Boltze in einem Gespräch seinen zurückhaltenden Charakter offenbart haben: *„Als ich ihn* [J. G. Boltze, F. B.] *von meinem Vorhaben in Kenntnis setzte, hat er mich eher davon abzuhalten gesucht, als dazu ermuntert. Ich mußte dem bescheidenen Manne versprechen, seine Person so sehr als möglich von der Sache fern zu halten.“* (Grouven 1862, S. 3)

Das sogenannte Schloss Salzmünde auf dem Schlossberg errichtete J. G. Boltze im Zuge des Besuchs des preußischen Königs Friedrich Wilhelm IV. im Jahr 1857. Der König kam aufgrund eines Herbstmanövers nach Salzmünde. Der dreietagige Turm überragt den Ort. Eine Veranda mit sechs nach Süden geöffneten Bögen sorgte für ein prächtiges Ambiente. Im unteren Turmzimmer erinnerten zwei Tafeln, die an zwei Säulen mit schwebenden Adlern angebracht waren, an den hohen Besuch. Der König speiste hier zu Mittag. Der Text der Tafeln lautete:

> *Inschrift 1: Vom Fels zum Meer. Die Königlichen und Fürstlichen Hoheiten und Prinzen von Preußen, Prinz Carl von Preußen, Prinz Albrecht von Preußen, Großherzog Alexander von Sachsen-Weimar, Herzog Ernst von Sachsen-Gotha beehrten diese Stätte mit Höchstihrer Gegenwart am 10. September 1857.*

> *Inschrift 2: Suum quique. Zur Erinnerung an die Anwesenheit Sr. Majestät des Königs Friedrich Wilhelm IV. als Allerhöchsderselbe am 9ten und 10ten September 1857 in diesem Orte wohnte und die Kriegsübungen seiner Truppen von hier aus beobachtete. Diese Adler sind ein Geschenk Sr. Majestät des Königs.* (Zitiert nach Neuß 1999, Bd. 2, S. 359 f., Anm. 47)

Das Dorf prägen weiterhin Industriedenkmäler, wie die ehemalige Zuckerfabrik oder die um 1935 gebauten Getreidespeicher an der Saale. Letztere erschienen auf dem Gemälde *Carl Wentzels Lebensalter* in Schloss Teutschenthal im oberen rechten Teil des Bildes unter dem Wentzelschen Familienwappen. *(Abb. 55)*

Die Basis der Betriebe des J. G. Boltze bildete der Getreideumschlag, die Saale-Schifffahrt sowie der Kaolin- und Tonabbau. Die 1829 vollzogene Heirat mit Ida Bertha Kamprad, der Tochter des Salzmünder Mühlenbesitzers, hatte ihn in den Besitz der Mühle gebracht. Er gliederte sie im folgenden Jahrzehnt in seine Unternehmungen ein. Boltze legte den Grundstein für seinen späteren Erfolg, indem er Mansfelder Korn kaufte und dieses selbst umschlug. Ein Teil des Korns kam in die Mühle zum Mahlen, den anderen Teil hingegen ließ er über die Saale nach Norden transportieren. Die benötigten Schiffe entstammten seiner eigenen Schiffbauerei. In der 1830er Jahren besaß er bereits um die 30 Kähne. Das Getreide wurde bis nach Großbritannien exportiert. In diesem Sinne hat Boltze auch Einfluss auf die britische Trinkkultur gehabt, denn „*[…] die Kraft Mansfelder Saalgerste schlürften die Briten mit jedem Schluck dunklen Ales oder Porters.*“ (Neuß 1999, Bd. 2, S. 101)

Der Abbau von Ton und Kaolin bedingte 1832 die Errichtung einer Ziegelei mit 27 Öfen. Sie entwickelte sich zur größten in Preußen. Die Produktpalette reichte von Dachziegeln, Klinkersteinen, Mauersteinen bis hin zu Fliesen. Den Bedarf an Kohle deckte der scharfsinnige Unternehmer aus seinen eigenen Gruben. Immerhin benötigte die Ziegelei bis 80 000 Tonnen Kohle im Jahr.

Als in den Dreißigerjahren die Renaissance der Zuckrübenfabrikation einsetzte, stellte Boltze seine Unternehmungen darauf ein. Er erkannte, dass der wirtschaftliche Anbau der Zuckerrübe eigene Anbauflächen benötigte. Die erzielten Gewinne aus den anderen Wirtschaftszweigen seiner Betriebe reinvestierte Boltze: „*Nach der Agrarkrise in den 1820er Jahren, die in einem allgemeinen Preisverfall für agrarische Erzeugnisse ihren Ausdruck fand, standen in den 1830er Jahren viele Bauerngüter zum Verkauf – besonders auch im Mansfelder Seekreis. Boltze erwarb in dieser Zeit, dank seines Kapi-*

tals, zahlreiche kleine Bauerngüter, pachtete zusätzliches Land und wandte sich somit der Landwirtschaft zu." (Schaal 2004, S. 53)

Im Jahr 1847 nahm die Zuckerfabrik ihren Betrieb auf. Es folgten 1855 die Spiritusfabrik, die Rübenmelasse sowie Kartoffeln brannte, 1859 die Saatzuchtversuchsanstalt und 1862 die Ölmühle. Die jährlich benötigte Menge von 130 000 Tonnen Braunkohle deckte vor allem die Grube zu Bennstedt. Die Betriebe zeichnete ein hoher Organisationsgrad sowie eine fortgeschrittene Maschinisierung aus. J. G. Boltze arbeitete eng mit der wissenschaftlichen Forschung zusammen. Er schuf einen Agrar-Industriekomplex mit dem Mittelpunkt des Zuckerrübenanbaus. Die um 1860 7 350 Morgen Ackerland verteilten sich auf zehn Dörfer. Diese wirtschafteten mit eigenen Ställen und konnten ihre Arbeiter nicht nur unterbringen, sondern auch ernähren. Es wurden Zuckerrüben, Sommergerste, Hafer, Roggen, Weizen, Kartoffeln, Raps und sogar Klee angebaut. Zucker, Spiritus, Öl und Fleisch zählten zu den Exportgütern. „*Boltze verband Landwirtschaft, Gewerbe und Industrie in besonders effektiver Weise. Agrarerzeugnisse verließen seinen Betrieb als Halb- oder Fertigprodukte, deren Transport und Vermarktung er selbst übernahm. Die Überschüsse dienten der Modernisierung und Erweiterung der Verarbeitungsbetriebe, im Endzweck aber dem ständigen Zukauf von nutzbarem Grund und Boden.*" (Schwarze-Neuß 2004, S. 45)

Doch nicht nur wirtschaftlich waren die Unternehmungen J. G. Boltzes vorbildlich: „*Ein anderes überregional und sogar auf andere europäische Staaten ausstrahlendes Sozialmodell praktizierte auf dem Lande im*

Zusammenhang mit den genannten Fabrikwirtschaften der Unternehmer Johann Gottfried Boltze in Salzmünde bei Halle." (Tullner 1998, S. 11 f.) Boltze (*Abb. 74)* fand eine erste Antwort auf die zunehmend in den Mittelpunkt rückende soziale Frage. Er, der Aufsteiger aus dem Bauernstand, richtete 1854, zwar durch Gesetz gezwungen, doch beispielhaft, eine Betriebskrankenkasse ein. Boltze gründete zudem eine Sparkasse sowie ein Kranken- und Invalidenhaus mit einer Kleinkinderbewahranstalt. Er veranlasste den Bau von Arbeiterwohnungen und einer Kirche. Im Jahr 1852 öffnete die *Arbeiter-Bildungs-Anstalt.* In dieser Einrichtung fanden Jungen nach Beendigung der Schule eine Ausbildung. Aufnahme, Bekleidung und Kost waren frei.

Natürlich kann das nur ein unvollständiges Bild dieses großen Unternehmers sein. Salzmünde war ein Ort reger Betriebsamkeit. Julius Schadeberg charakterisierte den Ort 1857 wie folgt: „*[…] es brummt, hämmert, pocht und schurrt der Gewerbfleiß uns aus allen Werkstätten entgegen.*" (Schadeberg 1857, S. 17) Gleichermaßen muss es König Wilhelm IV. empfunden haben, als im Herbst 1857 den ganzen Ort Fahnen schmückten und die Einwohner die Ankunft des Königs gespannt erwarteten. Heute herrscht Stille am Schlossberg, den Wilhelm IV. von Bennstedt kommend in Begleitung der mansfeldischen Gutsbesitzer mit seinem Gefolge zum Hause J.G. Boltzes erklomm. Übrigens verlor der König am 8. September, also einen Tag vor seinem Besuch in Salzmünde, bei einer Rede im Solbad Wittekind zum ersten Mal das Gedächtnis. Schon einen Monat später musste er die Regierungsgeschäfte seinem Bruder überlassen.

Nachbemerkung

Die vorliegende Publikation wäre noch vor zwei Dekaden völlig unvorstellbar gewesen.

Die Geschichte des Adels und der Großgrundbesitzer wurde in den Jahren der DDR nicht erforscht bzw. nur episodisch und tendenziös widergespiegelt. Beide Gruppen fanden nur dann Erwähnung, wenn die Möglichkeit bestand sie als Gegner im Klassenkampf darzustellen oder sie als Ausbeuter der Bauern und des Proletariats zu diskreditieren. Erst nach 1990 standen wissenschaftliche Untersuchungen an, die zum Teil zu überraschenden Ergebnissen führten. Auch erfuhren nun einzelne Vertreter dieser beiden Stände aufgrund bedeutender Leistungen eine Würdigung. Als Beispiel sei an Carl Wentzel erinnert. Trotzdem steht die Erforschung des Wirkens sowohl des Adels, als auch der Großgrundbesitzer erst am Anfang. Zwar wurden in den letzten Jahren einige Detailstudien veröffentlicht, allerdings mangelt es gerade für Halle und den Saalekreis an einer zusammenfassenden wissenschaftlichen Studie. Das möge eine Aufgabe für die Zukunft sein. Die aktuellen Probleme liegen vor allem in der Sicherung der architektonischen Hinterlassenschaften. Einige der in diesem Buch vorgestellten Objekte stehen kurz vor dem Einsturz. Die Sicherung dieser Kulturgüter trotz knapper kommunaler Kassen hat oberste Priorität, denn gerade darin liegt der Reichtum unserer Region.

Personenverzeichnis

In das Verzeichnis wurden alle Personen aufgenommen, von denen sowohl Vorname als auch Nachname bekannt sind. Adlige und geistliche Würdenträger sind nach ihren Vornamen geordnet, bis auf zwei Ausnahmen, die unter ihrem Nachnamen zu finden sind: Johann Wolfgang von Goethe und Mitglieder der Familie Zimmermann

Abkürzungen: Ks. - Kaiser; Kg. - König, Kgn. - Königin, Ebf. - Erzbischof, Bf. - Bischof, Hzg. - Herzog, Mgf. - Markgraf

Quellen und Quellensammlungen

Bierbach, Arthur: Urkundenbuch der Stadt Halle, ihrer Stifter und Klöster, Bd. 1, Halle 1954.

Harrwig, Nicolao Gottfried: Jesus Der Christlichen Hoff-Leute Und Aller geistlichen Abrahame Kinder Starcker Schild Und Grosser Sohn. [...] Bey Christlicher Hoch-Adelicher Leich-Bestattung Des Weyland Wohlgebohrnen Herren/Hn. Joachim Wilhelm Marschalchs von Biberstein/Auff Bennstedt und Neu-Vitzenburg/Hoch-Fürstl. Sächs. Merseburgischen Hoch-Wohlbestalten Raths und Hoffmeisters/wie auch Ober-Steuer-Einnehmers/Welcher Nach des Allgewaltigen Gottes allein weisen Rath und Willen/den 5. Martii, dieses lauffenden 1691sten Jahrs/nach ausgestandener langwierigen Kranckheit/frühe nach 8. Uhr/in seinem Erlöser JESU CHRISTO, seelig entschlafen/und darauff den 31. dieses Monats Martii, mit Christ-Hoch-Adelichen Ceremonien/in sein Hoch-Adel-Begräbniß/allhier zu Bennstedt beygesetzet worden/Vorgestellet Von Gottfried Nicolao Harrwig/Diener am Worte Gottes zu Bennstedt/Kölm und Kochstedt, Halle 1691.

Leichenpredigt [Deckblatt nicht mehr vorhanden, F. B.] und Abdanckungs-Rede/Bey dem Hoch-Adelichen Leichen-Begängnüß/Frauen Armgard Marschallin/Gebohrner Hahnin, 1684.

Literatur

Aly, Götz: Hitlers Volksstaat. Raub, Rassenkrieg und nationaler Sozialismus, Frankfurt 2005.

Bachmann, Felix: Trotha, St. Bricciuskirche, in: Peter Findeisen, Dirk Höhne: Die Dorfkirchen in Halle, in: Landesamt für Denkmalpflege und Archäologie Sachsen-Anhalt - Landesmuseum für Vorgeschichte (Hrsg.): Denkmalorte, Denkmalwerte, Bd. 3, Halle 2006, S. 222–233.

Berndt, Roswitha: Unternehmer in Sachsen-Anhalt, Grundlinien ihrer geschichtlichen Entwicklung vom Beginn des 19. Jahrhunderts bis zur Mitte des 20. Jahrhunderts, in: Helmut Meier (Hrsg.), Gesellschaft - Geschichte - Gegenwart, Schriftenreihe des Vereins „Gesellschaftswissenschaftliches Forum e. V.“, Bd. 18, Berlin 1999.

Dies.: Johann Gottfried Boltze - Landwirt, Kaufmann und Unternehmer. Ein Porträt, in: Erfolgreiche Agrarunternehmer in Sachsen-Anhalt. Johann Gottfried Boltze und Carl Wentzel, Protokoll der Wissenschaftlichen Tagung vom 7. Juni 2002 in Salzmünde, in: Beiträge zur Regional- und Landeskultur Sachsen-Anhalts, Heft 31, Halle 2004, S. 64–73.

Borrmann, Norbert: Paul Schultze-Naumburg 1869–1949. Maler, Publizist, Architekt. Vom Kulturreformer der Jahrhundertwende zum Kulturpolitiker im Dritten Reich. Ein Lebens- und Zeitdokument, Essen 1989.

Brademann, Jan: Gewalt, Not und Krisen – das frühneuzeitliche Halle und seine Bürger im Krieg, in: Werner Freitag; Andreas Ranft (Hrsg.): Geschichte der Stadt Halle, Bd. 1, Halle 2006, S. 314–332.

Breuer, Steffi: Zur Geschichte von Schloß und Park Teutschenthal, Ldkr. Saalkreis, in: Landesgruppe Sachsen-Anhalt der Deutschen Burgenvereinigung e. V. (Hrsg.): Burgen und Schlösser in Sachsen-Anhalt, Mitteilungen der Landesgruppe Sachsen-Anhalt der Deutschen Burgenvereinigung e. V., Heft 12, Halle 2003, S. 291–327.

Delius, Walter: Die Reformationsgeschichte der Stadt Halle, in: Franz Lau (Hrsg.): Beiträge zur Kirchengeschichte Deutschlands, Bd. 1, Dresden 1953.

Dolgner, Dieter; **Dolgner**, Angela; **Kunath**, Erika: Der historische Marktplatz der Stadt Halle/Saale, Halle 2001.

Dreyhaupt, Johann Christoph: Pagus Neletici et Nudzici, [...]. Nachdruck der Ausgabe von 1750, Halle 2002.

Duth, Werner: Deutsche Architekten. Biographische Verflechtungen 1900–1970, München 1992.

Ellerbrock, Karl-Peter: Geschichte der deutschen Nahrungs- und Genußmittelindustrie 1750 bis 1914, in: Pohl, Hans (Hrsg.), Zeitschrift für Unternehmensgeschichte, Beiheft 76, Stuttgart 1993.

Freitag, Werner: Halle 806 bis 1806. Salz, Residenz und Universität. Eine Einführung in die Stadtgeschichte von Werner Freitag unter Mitarbeit von Andrea Thiele, Halle 2006.

Fuhrmeister, Christian: Beton, Klinker, Granit: Material, Macht, Politik. Eine Materialikonographie, Berlin 2001.

Grouven, Hubert: Salzmünde. Eine landwirtschaftliche Skizze, Halle 1862.

Hermann, Volker: Die Entwicklung von Halle (Saale) im frühen und hohen Mittelalter. Topographie und Siedlungsentwicklung im heutigen Stadtgebiet von Halle (Saale) vom 7. bis zur Mitte des 12. Jahrhunderts aus archäologischer Sicht, in: Siegfried Fröhlich (Hrsg.): Veröffentlichungen des Landesamtes für Archäologie Sachsen-Anhalt, Landesmuseum für Vorgeschichte, Bd. 56, Halle 2001.

Hermann, Volker; **Specht**, Oliver: Die Stadt Halle – Vom karolingischen Grenzkastell zur spätmittelalterlichen Bürgerstadt, in: Harald Meller (Hrsg.): Kleine Hefte zur Archäologie in Sachsen-Anhalt, Heft 5, Halle 2006.

Hoffmann, Paul: Friedrich Madeweis Postmeister in Halle (Saale) und Matthias Wilhelm von Madeweis, Hofpostdirektor und Geheimer Kriegsrat in Kolberg (Ostsee), Halle (Saale) und Königsberg (Pr.), in: Deutsche Postgeschichte, Bd. 3, Leipzig 1943, S. 234–255.

Jacob, Otto: Der Kaffeegarten, in: Bürgerinitiative „Gesundes Trotha" e. V. (Hrsg.): Trothaer Geschichte – Trothaer Geschichten, Halle 1993.

Jenrich, Wilhelm: Alt-Trotha. Ein Beitrag zur Heimatkunde, Halle 1902.

Katzenstein, Willy: Die Deutsche Zuckerindustrie und Zuckerbesteuerung in ihrer geschichtlichen Entwicklung, Berlin 1897.

König, Valentin: Genealogische Adels-Historie oder Geschlechts-Beschreibung derer im Chur-Sächsischen und angrenzenden Landen zum Theil ehemals, allermeist aber noch ietzo in guten Flor stehenden ältesten und ansehnlichsten Adelichen Geschlechter, [...] Nebst einer Vorrede von Herrn George Wilhelm Kirchmaiers, Königl. Pohln. und Churfürstl. Sächs. Raths und Professoris zu Wittenberg, zusammen getragen und heraus gegeben von Valentino Königen, Königl. Pohln. und Churfürstl. Sächs. Accis-Inspectore zu Kohren, Zweyter Theil, Leipzig 1729.

Landesamt für Denkmalpflege Sachsen-Anhalt (Hrsg.): Denkmalverzeichnis Sachsen-Anhalt, Saalkreis, Bd. 5, Halle 1997.

Lieven, Dominic: Abschied von Macht und Würden. Der europäische Adel 1815–1914, dt. Ausg., Frankfurt/Main 1995.

Lippmann, Edmund O. von: Die Entwicklung der Deutschen Zuckerindustrie von 1850 bis 1900. Festschrift zum fünfzigjährigen Bestande des Vereins der Deutschen Zuckerindustrie, Leipzig 1900.

Lohmeier, Helmut: Prof. Dr. Erich Neuß und sein Mansfelder Freundeskreis, in: Mitteldeutschland, das Mansfelder Land und die Stadt Halle. Neuere Forschungen zur Landes- und Regionalgeschichte. Protokoll des Kolloquiums zum einhundertsten Geburtstag von Erich Neuß am 28./29. Mai 1999 in Halle, in: Beiträge zur Regional- und Landeskultur Sachsen-Anhalts, Heft 15, Halle 2000, S. 35–42.

Ludwig, Nadine: Villa Lehmann, in: Dieter Dolgner, Angela Dolgner (Hrsg.): Historische Villen der Stadt Halle/Saale, Halle 1998, S. 51–60.

Mavromataki, Maria: Mythologie und Kulte Griechenlands, dt. Ausg., Athen 1997.

Müller, Walter: Das Grabmal der Familie Boltze von Fritz Schaper (1841–1919) – ein vergessenes Kleinod im Saalkreis, in: Erfolgreiche Agrarunternehmer in Sachsen-Anhalt. Johann Gottfried Boltze und Carl Wentzel. Protokoll der Wissenschaftlichen Tagung vom 7. Juni 2002 in Salzmünde, in: Beiträge zur Regional- und Landeskultur Sachsen-Anhalts, Heft 31, Halle 2004, S. 100–115.

Nabert, Thomas: Der Großgrundbesitz in der preussischen Provinz Sachsen 1913–1933: soziale Struktur, ökonomische Position und politische Rolle, in: Mitteldeutsche Forschungen, Bd. 1007, Univ. Diss., Halle 1992.

Ders.: Carl Wentzel als Vertreter der Eliten in der Provinz Sachsen – ein Lebensbild, in: Erfolgreiche Agrarunternehmer in Sachsen-Anhalt. Johann Gottfried Boltze und Carl Wentzel. Protokoll der Wissenschaftlichen Tagung vom 7. Juni 2002 in Salzmünde, in: Beiträge zur Regional- und Landeskultur Sachsen-Anhalts, Heft 31, Halle 2004, S. 74–89.

Neuß, Erich: Wanderungen durch die Grafschaft Mansfeld, Bd. 1, Im Seegau, 2. Aufl., Halle 1999.

Ders.: Wanderungen durch die Grafschaft Mansfeld, Bd. 2, Saalisches Mansfeld, 2. Aufl. Halle 1999.

Nickel, Heinrich L.: Das alte und das neue Bibliotheksgebäude, in: Heinrich L. Nickel (Hrsg.): 450 Jahre Marienbibliothek zu Halle an der Saale. Kostbarkeiten und Raritäten einer alten Büchersammlung, Halle 2002, S. 33–37.

Oertel, Hermann: Die Vorbilder für die biblischen und emblematischen Malereien in der protestantischen Kirche – am Altar und an den Emporen, in: Klaus Raschzok, Reiner Sörries (Hrsg.): Geschichte des protestantischen Kirchenbaus. Festschrift für Peter Poscharsky zum 60. Geburtstag, Erlangen 1994, S. 259–266.

Olbrich, Hubert: Carl Wentzel – Teutschenthal (1876–1944). Zum Schicksal eines großen Lebenswerkes im Wandel der spezifisch deutschen Geschichte, in: ders. (Hrsg.): Schriften aus dem Zucker-Museum, Heft 14, Berlin 1981.

Opel, Julius: Die Vereinigung des Herzogthums Magdeburg mit Kurbrandenburg. Festschrift zur Erinnerung an die zweihundertjährige Vereinigung, herausgegeben im Namen der Historischen Commission der Provinz Sachsen, Halle 1880.

Richwien, Gerhard: „Des Herrn Postmeisters Kunstpalast". Das Portal des „Riesenhauses" in Halle/Saale – Betrachtungen zur Ikonographie eines Monuments der Aufklärung, in: Donnert, Erich (Hrsg.): Europa in der Frühen Neuzeit. Festschrift für Günter Mühlpfordt, Köln 1999, S. 199–219).

Schaal, Dirk: Johann Gottfried Boltze (1802–1868) – ein Beispiel für einen landwirtschaftlichen Unternehmertyp des 19. Jahrhunderts im mitteldeutschen Raum, in: Erfolgreiche Agrarunternehmer in Sachsen-Anhalt. Johann Gottfried Boltze und Carl Wentzel. Protokoll der Wissenschaftlichen Tagung vom 7. Juni 2002 in Salzmünde, in: Beiträge zur Regional- und Landeskultur Sachsen-Anhalts, Heft 31, Halle 2004, S. 50–63.

Schadeberg, Julius: Salzmünde. Eine historische Skizze, Halle 1857.

Schlenker, Gerlinde: Die Kirche von Bennstedt, in: Mitteldeutschland, das Mansfelder Land und die Stadt Halle. Neuere Forschungen zur Landes- und Regionalgeschichte. Protokoll des Kolloquiums zum einhundertsten Geburtstag von Erich Neuß am 28./29. Mai 1999 in Halle, in: Beiträge zur Regional- und Landeskultur Sachsen-Anhalts, Heft 15, Halle 2000, S. 120–130.

Schlenker, Gerlinde; **Voigt**, Axel: Die Pfarrkirche von Bennstedt, Bennstedt 2006.

Schröder, Albert: Teutschenthal. Ein Beitrag zur tausendjährigen Geschichte des Ortes. Nachdruck der Originalausgabe von 1929, Halle 1993.

Schultze-Galléra, Siegmar von: Wanderungen durch den Saalkreis. Geschichtliche und kulturhistorische Darstellungen und Forschungen. Erster Band, Federzeichnungen von Alfred Weßner-Collenbey, Reprint der im Verlag Curt Nietschmann, Halle, 1913 erschienenen Originalausgabe, herausgegeben vom Stadtarchiv Halle (Saale), Halle 2006.

Schwarze-Neuß, Elisabeth: Schlossbau im Barockzeitalter. Eine Sozialgeschichte der Herrschaftsbauten in Mitteldeutschland von der Mitte des 17. bis zum Ende des 18. Jahrhunderts. Teil 3: Die Schlösser und Herrenhäuser der großen Familien, in: Landesgruppe Sachsen-Anhalt der Deutschen Burgenvereinigung e. V. (Hrsg.), Burgen und Schlösser in Sachsen-Anhalt. Mitteilungen der Landesgruppe Sachsen-Anhalt der Deutschen Burgenvereinigung e. V., Heft 16, Halle 2007, S. 368–452.

Dies.: Bürgerliche Großgrundbesitzerfamilien im Saalkreis und im Mansfelder Land. Woher sie kamen, wie sie wurden, wohin sie gingen, in: Erfolgreiche Agrarunternehmer in Sachsen-Anhalt. Johann Gottfried Boltze und Carl Wentzel. Protokoll der Wissenschaftlichen

Tagung vom 7. Juni 2002 in Salzmünde, in: Beiträge zur Regional- und Landeskultur Sachsen-Anhalts, Heft 31, Halle 2004, S. 38–49.

Seidler, Christof: Die Kirche St. Briccius zu Halle-Trotha, in: Bürgerinitiative „Gesundes Trotha" e.V. (Hrsg.): Trothaer Geschichte – Trothaer Geschichten, Heft 5, Halle 1997.

Thiele, Andrea: Die Stadt nach dem Weggang von Kardinal Albrecht – ein Überblick sowie Halle in der Zeit Augusts von Sachsen-Weißenfels (1638/43–1680), in: Freitag, Werner: Halle 806 bis 1806. Salz, Residenz und Universität. Eine Einführung in die Stadtgeschichte von Werner Freitag unter Mitarbeit von Andrea Thiele, Halle 2006, S. 125–128 sowie S. 141–148.

Trotha, Adolf von: Geschichte des Geschlechtes v. Trotha in Anlehnung an die Vorstudien zur Geschichte der Familie v. Trotha 1860 und an die Stammtafeln des Geschlechtes der v. Trotha von 1912. Die Teutschenthaler und Benstedter Linien, Teil 6, Görlitz 1940.

Trotha, Hans-Ulrich von: Wechselvolles Schicksal der Familie von Trotha, in: Bruno J. Sobotka (Hrsg.), Burgen, Schlösser, Gutshäuser in Sachsen-Anhalt, in: Veröffentlichungen der Deutschen Burgenvereinigung e.V., Reihe C, Witten 1994, S. 79–182.

Tullner, Mathias: Entstehung und Formierung sozialer und politischer Interessengruppen im Vormärz und in der Revolution vom [von, F.B.] 1848/49 in der preußischen Provinz Sachsen, in: Tullner, Mathias (Hrsg.), Sachsen-Anhalt, Beiträge zur Landesgeschichte, Bd. 12, Halle 1998, S. 7–42.

Weimer, Christoph: Luther, Cranach und die Bilder. Gesetz und Evangelium – Schlüssel zu einem reformatorischen Bildgebrauch, in: Calwer Verlagsverein (Hrsg.): Arbeiten zur Theologie, Bd. 89, Stuttgart 1999.

Abb. 51 – Epitaph Franz Casimirs von Trotha

Abb. 52 – Epitaphinschrift

Abb. 53 – Kamin in der Eingangshalle

Abb. 54 – Stuckdecke im Erdgeschoss

Abb. 55 – Gemälde mit den drei Lebensaltern des Carl Wentzel

Abb. 56 – Naturstein und zwei Voluten am Eingang zum Gelände der ehemaligen Saatzuchtanstalt

Abb. 57 – Saatzuchtanstalt Salzmünde

Abb. 58 – Das Familienwappen der Wentzels am Grabmal im Park

Abb. 59 – Der architektonische Teil des Parks vom Schloss Teutschenthal aus gesehen

Abb. 60 – Marmorplastik der trauernden Frau

Abb. 61 – Familienbegräbnisstätte der Familie Wentzel

Abb. 62 – Familienwappen derer von Zimmermann

Abb. 63 – Südlicher Haupteingang auf der Parkseite

Abb. 64 – Figurengruppe

Abb. 65 – Blick vom Park zum Schloss Teutschenthal

Abb. 66 – Boltzenhöhe

Abb. 67 – Schloss Schochwitz

Abb. 68 – Portal mit dem Familienwappen

Abb. 69 – Wendelstein

Abb. 70 – Bierhügel

Abb. 71 – Das Grabmal Johann Gottfried Boltzes und seiner Frau

Abb. 72 – Gasthof und Schlossberg

Abb. 73 – Wohnhaus J. G. Boltzes

Abb. 74 – Johann Gottfried Boltze (1802–1868)